Curso

La diferencia entre aprobar
y sacar plaza

Técnico/a Superior en Imagen para el Diagnóstico

Servicio Gallego de Salud (SERGAS)

Si aún no dispones de tu **Curso MAD360**, te ofrecemos un acceso GRATIS de 30 días para que disfrutes de los siguientes recursos:

AF212335

- Técnicas de Memoria 360.
- MADTEST: Test *online* Nivel PRO.
- Temario en formato digital.
- Planificación de estudio.
- Foro entre opositores hasta la fecha del examen.*
- Recursos y novedades exclusivas.
- Consúltanos sobre tu oposición y proceso selectivo.
- Actualizaciones legislativas (Boletines Oficiales) hasta 60 días antes de la fecha del examen.*

Para acceder a esta prueba del Curso MAD360** será necesaria la compra de todos los libros para esta especialidad de la edición 2025.

Regístrate en **mad.es/iniciar-sesion** y en la pestaña MIS CURSOS valida los códigos que encuentras en la última página de tus libros.

NOTA IMPORTANTE:

* Examen de esta categoría profesional correspondiente a la convocatoria publicada en el DOG n.º 170, de 4 de septiembre de 2025, o hasta el 31 de octubre de 2026, lo que se cumpla antes, y previa renovación del servicio.

** El acceso al CURSO MAD360 estará disponible desde octubre de 2025 (algunos recursos podrían estar disponibles en fecha posterior). Tendrá una duración de 30 días RENOVABLES mediante pago, desde la validación de códigos, o hasta el 30 de abril de 2027, lo que se cumpla antes.

MAD se reserva el derecho a ampliar dichas fechas.

Técnico/a Superior en Imagen para el Diagnóstico del Servicio Gallego de Salud (SERGAS)

Octubre 2025

Técnico/a Superior en Imagen para el Diagnóstico del Servicio Gallego de Salud (SERGAS)

Test y Supuestos Prácticos

Autores

JUAN MANUEL GIL RAMOS
Licenciado en Medicina
Máster en Salud Ambiental

HERMINIA ANDRADES ROMERO
Diplomada en Fisioterapia
Técnico Superior en Imagen para el Diagnóstico

JOSEFA GUILLERMA GANCEDO CONS
Licenciada en Derecho
Jefa de Servicio de Gestión y Planificación en la Xunta de Galicia

ÁLVARO GARDÓN FERNÁNDEZ
Técnico Especialista. Celador

MIGUEL ÁNGEL ESTÉVEZ FERNÁNDEZ
Jefe de Personal Subalterno del Hospital do Meixoeiro, de Vigo

JOSÉ LUIS GARRIDO VELA
Licenciado en Derecho

FRANCISCO JESÚS TORRES FONSECA
Licenciado en Derecho

© 7 Editores Recursos para la Cualificación Profesional y el Empleo, S.L. (7 Editores)
© Los autores
Primera edición, octubre 2025 (314 páginas)
Derechos de edición reservados a favor de 7 Editores
IMPRESO EN ESPAÑA
Diseño Portada: 7 Editores
Edita: 7 Editores
Avda. San Francisco Javier, 9 · Edificio Sevilla 2 · Planta 11 · Módulos 25-27 · 41018 Sevilla
Teléfono: 954 784 411 · WEB: www.mad.es · e-mail: administracion@7editores.com
ISBN: 979-13-702-8062-8
© "Editorial Mad" y "Eduforma" son nombres comerciales registrados de
7 Editores Recursos para la Cualificación Profesional y el Empleo, S.L.

Índice

TEST PARTE COMÚN

TEST PARTE ESPECÍFICA

SUPUESTOS PRÁCTICOS

TEST PARTE COMÚN

La Constitución Española: principios fundamentales, derechos y deberes fundamentales de los españoles. La protección de la salud en la Constitución

1. Si un poder público, en su actuación, infringe lo dispuesto en el Preámbulo de la Constitución:

a) Incurre en nulidad.
b) Incurre en inconstitucionalidad.
c) No pasa nada, salvo que, como consecuencia de esa actuación, se infrinja un artículo de la propia Constitución.
d) Nada de lo anterior es cierto.

2. El principio en virtud del cual el ciudadano está amparado por una legislación no sujeta a continuos vaivenes es el de:

a) Legalidad.
b) Publicidad normativa.
c) Seguridad jurídica.
d) Jerarquía normativa.

3. El principio en virtud del cual un Reglamento no puede contradecir una Ley es el de:

a) Legalidad.
b) Jerarquía normativa.
c) Las respuestas a) y b) son correctas.
d) Seguridad jurídica.

4. Según la Constitución, una norma que imponga una nueva pena más leve para un delito:

a) No se aplica retroactivamente.
b) Puede aplicarse retroactivamente.

c) Ha de ser reglamentaria.

d) Atenta contra el principio de legalidad penal si se aplica retroactivamente.

5. Todos los españoles, respecto al castellano, tienen el:

a) Derecho-deber de conocerlo.

b) Derecho de usar y deber de conocerlo.

c) Derecho-deber de usarlo.

d) Nada de lo anterior.

6. La capital del Estado en España es:

a) La propia de cada Comunidad Autónoma.

b) Madrid.

c) Aquella donde se establezca en cada momento el Gobierno de la Nación.

d) Aquella en la que resida generalmente el Rey.

7. El pluralismo político, para nuestra Constitución, es un/una:

a) Principio General del ordenamiento político.

b) Valor superior del citado ordenamiento.

c) Principio rector de la política social y económica.

d) Derecho fundamental.

8. La forma política del Estado español es:

a) Unitaria y regionalizada.

b) Federal.

c) La Monarquía Parlamentaria.

d) La propia de un Estado Social y Democrático.

9. La justicia, según nuestra Constitución, es un/una:

a) Principio de nuestro ordenamiento jurídico.

b) Valor superior del anterior.

c) Manifestación del Estado democrático.

d) Todo lo anterior.

10. Un español de origen puede quedarse sin esta nacionalidad:

a) Por sanción administrativa.

b) Cuando libremente renuncie a la misma.

c) Por condena penal.

d) En ningún caso.

11. Constituye el fundamento del orden público y de la paz social, según la Constitución, el/la/los:

a) Derechos inviolables inherentes a la persona.
b) Estado social y democrático de Derecho.
c) Seguridad jurídica.
d) Justicia.

12. Las Comunidades Autónomas deben usar o instalar la bandera española:

a) En sus edificios.
b) En los actos oficiales.
c) Cuando lo solicite el Delegado del Gobierno de la Nación en las mismas.
d) Cuando lo estimen oportuno.

13. Deben tener una estructura interna y un funcionamiento democrático los/las:

a) Partidos Políticos.
b) Colegios Profesionales.
c) Organizaciones Profesionales.
d) Todos ellos.

14. La defensa de la integridad territorial de España se atribuye por la Constitución a/al/a las:

a) Fuerzas y Cuerpos de Seguridad.
b) Fuerzas Armadas.
c) Gobierno de la Nación.
d) Todas las anteriores.

15. El derecho de asilo en España está previsto para:

a) No repatriar a ciudadanos que hayan cometido un delito en un país extranjero.
b) No repatriar a españoles en el caso anterior.
c) Acoger en España a extranjeros perseguidos por motivos políticos en su país de origen.
d) Acoger en España a españoles emigrados al extranjero cuando pierdan el trabajo fuera de España.

16. Según la Constitución, el Estado es:

a) Apolítico.
b) Aconfesional.
c) De bienestar social.
d) Federal.

17. El derecho a la vida se consagra en el siguiente artículo de la Constitución:

a) 10.
b) 16.
c) 15.
d) 24.

18. La pena de muerte en España:

a) Ha quedado abolida.
b) Puede aplicarse en cualquier momento.
c) Solo se aplicará, en tiempo de guerra, a los militares.
d) Rige solo en el ámbito civil.

19. La inmediata puesta a disposición judicial derivada del *habeas corpus*, se produce por:

a) Detención ilegal.
b) Prisión ilegal.
c) Prisión preventiva.
d) Detención preventiva.

20. El proceso en el que se enjuicie a un presunto delincuente debe:

a) Ser sumario.
b) No dilatarse.
c) Entorpecer los instrumentos probatorios.
d) Nada de lo anterior es cierto.

En MADTEST tienes **más preguntas de este tema**, y todos tus avances quedan registrados y se reflejan en el ranking.

¡Supera tus límites con MADTEST!

Solución al test n.º 1

1. c) No pasa nada, salvo que, como consecuencia de esa actuación, se infrinja un artículo de la propia Constitución.

2. c) Seguridad jurídica.

3. c) Las respuestas a) y b) son correctas.

4. b) Puede aplicarse retroactivamente.

5. b) Derecho de usar y deber de conocerlo.

6. b) Madrid.

7. b) Valor superior del citado ordenamiento.

8. c) La Monarquía Parlamentaria.

9. b) Valor superior del anterior.

10. b) Cuando libremente renuncie a la misma.

11. a) Derechos inviolables inherentes a la persona.

12. b) En los actos oficiales.

13. d) Todos ellos.

14. b) Fuerzas Armadas.

15. c) Acoger en España a extranjeros perseguidos por motivos políticos en su país de origen.

16. b) Aconfesional.

17. c) 15.

18. a) Ha quedado abolida.

19. a) Detención ilegal.

20. b) No dilatarse

TEST N.º 2

**Estatuto de Autonomía de Galicia: estructura y contenido.
El Parlamento. La Xunta y su Presidente.
La Administración Pública Gallega**

1. La Comunidad Autónoma gallega contará, para el desempeño de sus competencias, con:

a) Hacienda propia.
b) Patrimonio propio.
c) Economía propia.
d) Son correctas las respuestas a) y b).

2. El patrimonio de la Comunidad Autónoma estará integrado por:

a) El patrimonio de la Comunidad en el momento de aprobarse el Estatuto.
b) Los bienes afectos a servicios traspasados a la Comunidad Autónoma.
c) Los bienes adquiridos por la Comunidad Autónoma por cualquier título jurídico válido.
d) Todas son correctas.

3. Los poderes de la Comunidad Autónoma de Galicia emanan:

a) Del Estatuto de Autonomía, el pueblo y la Corona.
b) Del pueblo y la Constitución.
c) De la Constitución, del Estatuto de Autonomía de Galicia y del pueblo.
d) De la Constitución y del pueblo gallego.

4. La aprobación de los presupuestos de la Comunidad Autónoma de Galicia corresponde:

a) Al Presidente de la Xunta de Galicia.
b) A la Xunta de Galicia.
c) Al Congreso de los Diputados.
d) Al Parlamento de Galicia.

5. El Presidente del Tribunal Superior de Justicia de Galicia es nombrado:

a) Por el Presidente de la Junta, previo acuerdo del Parlamento de Galicia.
b) Por el Presidente del Gobierno, la propuesta de las Cortes Generales.
c) Por el Presidente del Gobierno, la propuesta del Consejo General del Poder Judicial.
d) Por el Rey, la propuesta del Consejo General del Poder Judicial.

6. El artículo 12.3 del Estatuto de Autonomía de Galicia dice que el Parlamento funcionara:

a) En Plenos y en Diputación Permanente.
b) En Plenos y en Comisiones, y se reunirá en sesiones ordinarias y extraordinarias.
c) En Plenos y en Mesas, y se reunirá en sesiones ordinarias.
d) En Pleno y en Diputación Permanente, y se reunirá en sesiones ordinarias y extraordinarias.

7. Como dice el artículo 15.3 del Estatuto de Autonomía de Galicia, el que propone al candidato a Presidente de la Xunta de Galicia es:

a) La Diputación Permanente.
b) El Parlamento Gallego en Pleno.
c) El Presidente del Parlamento.
d) El Rey.

8. Según el artículo 7.1 del Estatuto de Autonomía de Galicia, las comunidades gallegas asentadas fuera de Galicia podrán solicitar el reconocimiento de su galleguidad sin que en ningún caso implique la concesión de:

a) Derechos políticos.
b) Derechos culturales.
c) Subvenciones de la Xunta de Galicia.
d) Estatuto de Autonomía.

9. La iniciativa de la reforma del Estatuto corresponderá a:

a) La Junta.
b) Al Parlamento gallego, a propuesta de una quinta parte de sus miembros.
c) A las Cortes Generales.
d) Todas son ciertas.

10. La propuesta de reforma del Estatuto, requerirá:

a) La aprobación del Parlamento gallego por mayoría de dos tercios.
b) La aprobación de las Cortes Generales mediante Ley Orgánica.
c) El referéndum positivo de los electores.
d) Todas son ciertas.

11. Si la propuesta de reforma del Estatuto no es aprobada por el Parlamento gallego o por las Cortes Generales o no es confirmada mediante referéndum por el cuerpo electoral, ¿puede ser sometida nuevamente a debate y votación del Parlamento?

a) No.
b) No, hasta que haya transcurrido un año.
c) Sí.
d) Ninguna es cierta.

12. Corresponde a la Junta de Galicia:

a) Aprobar los reglamentos generales de sus propios tributos.
b) Elaborar las normas reglamentarias precisas para gestionar los impuestos estatales cedidos de acuerdo con los términos de dicha cesión.
c) Son correctas las respuestas a) y b).
d) Ninguna es correcta.

13. Corresponde a la Junta:

a) La elaboración y aplicación del presupuesto de la Comunidad Autónoma gallega.
b) Al Parlamento su examen, enmienda, aprobación y control.
c) Son correctas a) y b).
d) Ninguna es correcta.

14. Los poderes de la Comunidad Autónoma se ejercen a través de:

a) El Parlamento.
b) La Junta.
c) Su Presidente.
d) Todas son ciertas.

15. Son funciones del Parlamento de Galicia:

a) Ejercer la potestad legislativa de la Comunidad Autónoma.
b) Controlar la acción ejecutiva de la Junta, aprobar los presupuestos y ejercer las otras competencias que le sean atribuidas por la Constitución, por el Estatuto, por las leyes del Estado y las del Parlamento de Galicia.
c) Elegir de entre sus miembros al Presidente de la Junta de Galicia.
d) Todas son ciertas.

16. El Parlamento puede delegar la potestad legislativa en la Junta en los términos que establecen:

a) Los artículos 82, 83 y 84 de la Constitución para el supuesto de la delegación legislativa de las Cortes Generales al Gobierno, todo ello en el marco del Estatuto de Autonomía.
b) Los artículos 81, 82 y 83 de la Constitución para el supuesto de la delegación legislativa de las Cortes Generales al Gobierno, todo ello en el marco del Estatuto de Autonomía.

c) Los artículos 80, 81 y 82 de la Constitución para el supuesto de la delegación legislativa de las Cortes Generales al Gobierno, todo ello en el marco del Estatuto de Autonomía.

d) Los artículos 83, 84 y 85 de la Constitución para el supuesto de la delegación legislativa de las Cortes Generales al Gobierno, todo ello en el marco del Estatuto de Autonomía.

17. Indica qué norma establece la estructura orgánica de la Xunta de Galicia:

a) Decreto 227/2019, de 2 de enero.
b) Decreto 233/2018, de 5 de diciembre.
c) Decreto 234/2017, de 5 de noviembre.
d) Decreto 42/2024, de 14 de abril.

18. Designar para cada legislatura de las Cortes Generales a los senadores representantes de la Comunidad Autónoma Gallega, de acuerdo con lo previsto en el artículo 69.5 de la Constitución, le corresponde a:

a) Xunta de Galicia.
b) El Parlamento de Galicia.
c) Los partidos políticos.
d) Ninguna es cierta.

19. La designación de los senadores representantes de la Comunidad Autónoma Gallega para cada legislatura de las Cortes Generales, se hará de forma:

a) Progresiva a la representación de las distintas fuerzas políticas existentes en el Parlamento de Galicia.

b) Aritmética a la representación de las distintas fuerzas políticas existentes en el Parlamento de Galicia.

c) Proporcional a la representación de las distintas fuerzas políticas existentes en el Parlamento de Galicia.

d) Mayoritaria a la representación de las distintas fuerzas políticas existentes en el Parlamento de Galicia.

20. Exigir, en su caso, responsabilidad política a la Junta y a su Presidente, le corresponde:

a) Al Parlamento de Galicia.
b) Al Consejo de Cuentas.
c) Al Tribunal Económico-Administrativo.
d) Ninguna es cierta.

En MADTEST tienes **más preguntas de este tema**, y todos tus avances quedan registrados y se reflejan en el ranking.

¡Supera tus límites con MADTEST!

Solución al test n.º 2

1. d) Son correctas las respuestas a) y b).

2. d) Todas son correctas.

3. c) La Constitución, el Estatuto de Autonomía de Galicia y el pueblo.

4. d) Al Parlamento de Galicia.

5. d) Por el Rey, la propuesta del Consejo General del Poder Judicial.

6. b) En Plenos y en Comisiones, y se reunirá en sesiones ordinarias y extraordinarias.

7. c) El Presidente del Parlamento.

8. a) Derechos políticos.

9. d) Todas son ciertas.

10. d) Todas son ciertas.

11. b) No, hasta que haya transcurrido un año.

12. c) Son correctas las respuestas a) y b).

13. c) Son correctas a) y b).

14. d) Todas son ciertas.

15. d) Todas son ciertas.

16. a) Los artículos 82, 83 y 84 de la Constitución para el supuesto de la delegación legislativa de las Cortes Generales al Gobierno, todo ello en el marco del Estatuto de Autonomía.

17. d) Decreto 42/2024, de 14 de abril.

18. b) El Parlamento de Galicia.

19. c) Proporcional a la representación de las distintas fuerzas políticas existentes en el Parlamento de Galicia.

20. a) Al Parlamento de Galicia.

TEST N.º 3

**La Ley General de Sanidad: fundamentos y características.
Competencias de las Administraciones Públicas en relación con la salud.
Derechos y deberes de los usuarios del sistema sanitario público**

1. El derecho de todos los ciudadanos a la protección de la salud viene reconocido en el ámbito constitucional en:

a) Los artículos 43 y 44.
b) Los artículos 49 y 50.
c) El artículo 43 solamente.
d) Los artículos 43 y 49.

2. La Ley General de Sanidad establece que son titulares del derecho a la protección de la salud y a la atención sanitaria:

a) Todos los españoles y los extranjeros con residencia en el territorio nacional.
b) Todos los españoles y los mayores de 18 años.
c) Todos los españoles y cualquier extranjero.
d) Solamente los españoles.

3. La financiación de las necesidades sanitarias se efectuará a través de:

a) Las consignaciones en las partidas presupuestarias del Estado exclusivamente.
b) Las consignaciones en las partidas presupuestarias del Estado, Comunidades Autónomas, y Corporaciones Locales.
c) Las consignaciones en las partidas presupuestarias del Estado y Seguridad Social.
d) Las consignaciones en las partidas presupuestarias del Estado, Comunidades Autónomas, Corporaciones Locales y Seguridad Social.

4. La Ley General de Sanidad se aprobó en el siguiente año:

a) 1986.
b) 1987.

c) 1985.
d) 1984.

5. La Ley General de Sanidad efectúa la siguiente proclamación:

a) El personal podrá ser cambiado de puesto por necesidades imperativas de la organización sanitaria, dentro del Área de Salud.

b) El personal podrá ser trasladado a cualquier Centro sanitario de la Comunidad Autónoma correspondiente.

c) El personal de la Comunidad Autónoma correspondiente a cualquier Centro sanitario del Distrito de Atención Primaria.

d) El personal podrá ser cambiado de puesto por necesidades derivadas de la organización sanitaria dentro de cada provincia.

6. El reconocimiento del derecho al ejercicio libre de las profesiones sanitarias se establece en el siguiente artículo de la Constitución:

a) Artículo 35.
b) Artículo 36.
c) Artículos 35 y 36.
d) Artículos 34 y 35.

7. La Ley General de Sanidad consta del siguiente número de artículos:

a) 112.
b) 113.
c) 115.
d) 116.

8. La estructura del Sistema Sanitario Público, se regula en el siguiente título de la Ley General de Sanidad:

a) Título II.
b) Título VI.
c) Título IV.
d) Título III.

9. ¿Cuántas Disposiciones Transitorias tiene la Ley General de Sanidad?

a) 1.
b) 3.
c) 5.
d) 4.

10. ¿Cuál es el propósito básico, el objeto de la Ley 14/1986, de 25 de abril, General de Sanidad?

a) La regulación general de todas las acciones que permitan hacer efectivo el derecho a la protección de la salud.

b) El desarrollo de una acción global de prevención que implique a la colectividad, considerada como conjunto.

c) La puesta al día de las técnicas de intervención pública en los problemas de salud de la colectividad.

d) La cobertura de los riesgos sanitarios a través de una cuota vinculada al trabajo.

11. ¿Cuál de los siguientes términos no se corresponde con ninguno de los principios, que enumera la Ley General de Sanidad, a los que adecuarán su organización y funcionamiento los servicios sanitarios?

a) Economía.

b) Flexibilidad.

c) Celeridad.

d) Coordinación.

12. Conforme al Real Decreto 1418/1986, de 13 junio, no corresponde al Ministerio de Sanidad y Consumo (actualmente Ministerio de Sanidad), en materia de sanidad exterior:

a) Las relaciones con los organismos sanitarios y de consumo internacionales por mediación del Ministerio de Economía.

b) Adoptar las medidas necesarias para aplicar dentro del Estado los acuerdos sanitarios y de consumo internacionales en los que España sea parte.

c) Control y vigilancia higiénico-sanitaria de puertos y aeropuertos de tráfico internacional, así como de los puestos y de las terminales aduaneras TIR y TIF.

d) Control y vigilancia higiénico-sanitaria en el tráfico internacional de personas, cadáveres y restos humanos.

13. La competencia en la autorización de los medicamentos y de los productos sanitarios corresponde:

a) Al Ministerio de Sanidad.

b) A la Agencia Española de Medicamentos y Productos Sanitarios.

c) A la Dirección General de Medicamentos y Productos Sanitarios.

d) Al Gobierno, mediante Real Decreto.

14. Las Comunidades Autónomas ejercerán, en materia de sanidad, las competencias:

a) Asumidas en sus Estatutos, exclusivamente.

b) Asumidas en sus Estatutos y las decisiones y actuaciones públicas previstas en la LGS que se hayan reservado expresamente al Estado.

c) Asumidas en sus Estatutos.

d) Las mencionadas en c) y las transferidas, o en su caso, delegadas, por el Estado, así como las decisiones y actuaciones públicas previstas en la LGS que no se hayan reservado expresamente al Estado.

15. Las Corporaciones Locales participan en los órganos de dirección de:

a) Las zonas básicas de salud.

b) Los centros de atención especializada.

c) Las áreas de salud.

d) Los centros de atención comarcal.

16. Las principales características del modelo establecido por la LGS son:

a) Universalización de la atención, desconcentración, descentralización y atención primaria.

b) Universalización de la atención, coordinación y desconcentración, descentralización y atención primaria.

c) Universalización de la atención, accesibilidad y desconcentración, descentralización y atención primaria.

d) Universalización de la atención, accesibilidad y desconcentración, descentralización y atención primaria y especializada.

17. En relación con las Áreas de Salud, como mínimo deberá existir:

a) Dos áreas por provincia.

b) Un área por provincia.

c) Un área a nivel comarcal.

d) Un área por Comunidad Autónoma.

18. Las áreas de salud serán dirigidas por un órgano propio, donde deberán participar las Corporaciones Locales en ellas situadas con una representación:

a) No inferior al 40%, dentro de las directrices y programas generales sanitarios establecidos por el Ministerio de Sanidad.

b) No superior al 40%, dentro de las directrices y programas generales sanitarios establecidos por el Ministerio de Sanidad.

c) No superior al 40%, dentro de las directrices y programas generales sanitarios establecidos por la Comunidad Autónoma.

d) No inferior al 40%, dentro de las directrices y programas generales sanitarios establecidos por la Comunidad Autónoma.

19. Los órganos colegiados de participación comunitaria para la consulta y el seguimiento de la gestión, en los que participaran las organizaciones empresariales y sindicales, se denominan:

a) Consejos de Salud de Área.

b) Consejos de Dirección de Área.

c) Gerencia de Área.
d) Consejo de Participación del Área.

20. Con relación a los Consejos de Salud de Área no es cierto que:

a) Están constituidos por la representación de los ciudadanos a través de las Corporaciones Locales comprendidas en su demarcación, que supondrá el 50% de sus miembros y las organizaciones sindicales más representativas, en una proporción no inferior al 25%, a través de los profesionales sanitarios titulados.

b) Los Consejos de salud del área podrán crear órganos de participación de carácter general.

c) Entre sus competencias están las de verificar la adecuación de las actuaciones en el área de salud a las normas y directrices de la política sanitaria y económica.

d) Conocer e informar el anteproyecto del Plan de Salud del área y de sus adaptaciones anuales, forma parte de sus competencias.

En MADTEST tienes **más preguntas de este tema**, y todos tus avances quedan registrados y se reflejan en el ranking.

¡Supera tus límites con MADTEST!

Solución al test n.º 3

1. d) Los artículos 43 y 49.

2. a) Todos los españoles y los extranjeros con residencia en el territorio nacional.

3. d) Las consignaciones en las partidas presupuestarias del Estado, Comunidades Autónomas, Corporaciones Locales y Seguridad Social.

4. a) 1986.

5. a) El personal podrá ser cambiado de puesto por necesidades imperativas de la organización sanitaria, dentro del Área de Salud.

6. c) Artículos 35 y 36.

7. d) 116.

8. d) Título III.

9. c) 5.

10. a) La regulación general de todas las acciones que permitan hacer efectivo el derecho a la protección de la salud.

11. d) Coordinación.

12. a) Las relaciones con los organismos sanitarios y de consumo internacionales por mediación del Ministerio de Economía.

13. b) A la Agencia Española de Medicamentos y Productos Sanitarios.

14. d) Las mencionadas en c) y las transferidas, o en su caso, delegadas, por el Estado, así como las decisiones y actuaciones públicas previstas en la LGS que no se hayan reservado expresamente al Estado.

15. c) Las áreas de salud.

16. c) Universalización de la atención, accesibilidad y desconcentración, descentralización y atención primaria.

17. b) Un área por provincia.

18. d) No inferior al 40%, dentro de las directrices y programas generales sanitarios establecidos por la Comunidad Autónoma.

19. a) Consejos de Salud de Área.

20. b) Los Consejos de salud del área podrán crear órganos de participación de carácter general.

La Ley de Salud de Galicia: el sistema público de salud de Galicia. Competencias sanitarias de las Administraciones Públicas de Galicia. El Servicio Gallego de Salud. Su estructura organizativa: disposiciones que la regulan

1. Según la Ley 8/2008, de 10 de julio, de Salud de Galicia, el órgano de la administración pública que tiene asignadas las competencias o funciones de ordenación, regulación, inspección, control o sanción en el ámbito sanitario o de la salud, se denomina:

a) Autoridad Sanitaria.
b) Servicio Sanitario.
c) Consejo de Dirección del SERGAS.
d) Ninguna es correcta.

2. ¿En virtud de qué Ley, hoy derogada, se creó el Servicio Gallego de Salud?

a) La Ley 14/1986, de 25 de abril.
b) La Ley 1/1989, de 2 de enero.
c) La Ley 3/2008, de 10 de junio.
d) La Ley 8/2008, de 10 de julio.

3. Según la Ley 8/2008, el nivel de atención Sanitaria que constituye el primer nivel de acceso ordinario de la población al Sistema Público de Salud de Galicia se denomina:

a) Atención Hospitalaria.
b) Atención Sociosanitaria.
c) Atención Primaria.
d) Atención a Urgencias y Emergencias.

4. ¿En qué Título de la Ley de Salud de Galicia se estudia el objeto y alcance de la Ley y la definición de los principales términos y conceptos que se utilizan a lo largo de ella?

a) Título primero.
b) Título tercero.
c) Título preliminar.
d) Título segundo.

5. Según recoge la Ley de Salud de Galicia, ¿a quién corresponde la aprobación de la Estrategia Gallega de Salud?

a) Al Consello de la Xunta.
b) A la Consejería competente en materia de Sanidad.
c) Al Consejo Gallego de Salud.
d) Al Parlamento de Galicia.

6. ¿En qué parte de la Ley de Salud de Galicia se estudian los derechos sanitarios de la ciudadanía?

a) Título primero. Capítulo primero.
b) Título segundo. Capítulo segundo.
c) Título primero. Capítulo segundo.
d) Título segundo. Capítulo primero.

7. El nombramiento y cese de los altos cargos de la Administración pública sanitaria de la Xunta de Galicia, corresponde:

a) Al Consejo de la Xunta de Galicia.
b) Al Servicio Gallego de Salud.
c) A la Consejería competente en materia de Sanidad.
d) Al Presidente de SERGAS.

8. Según la Ley de Salud de Galicia, la capacidad de responder a las necesidades presentes sin comprometer la posibilidad de responder a las necesidades futuras se denomina:

a) Sustentabilidad.
b) Proporcionalidad.
c) Recurso pandémico.
d) Cartera de servicios.

9. El Órgano superior, no colegiado, de consulta y asesoramiento de la Consellería competente en materia de Sanidad es:

a) El Foro de Participación Institucional de Sanidad.
b) El Consejo Gallego de Salud.
c) El Consejo de la Xunta de Galicia.
d) El Consejo Asesor del Sistema Público de Salud de Galicia.

10. ¿En qué Título de la Ley de Salud de Galicia se trata el Servicio Gallego de Salud?

a) Título tercero.
b) Título quinto.
c) Título séptimo.
d) Título sexto.

11. Según el Decreto 134/2019, de 10 de octubre, por el que se regulan las áreas sanitarias y los distritos sanitarios del Sistema público de salud de Galicia, ¿cuál es el órgano colegiado de dirección de la correspondiente área sanitaria?

a) Comisión de Dirección.
b) Comisión de Participación.
c) Consejo de Dirección.
d) Consejo de Participación.

12. El Sistema Público de Salud de Galicia es competencia:

a) Estatal, aunque la comunidad autónoma gallega las ejerce por delegación.
b) De la Comunidad Autónoma de Galicia, sin perjuicio de aquellas que corresponden al Estado debido a su integración en el Sistema Nacional de Salud.
c) Del Estado en exclusiva.
d) De la Comunidad Autónoma de Galicia en exclusiva.

13. Según el Decreto 134/2019, de 10 de octubre, por el que se regulan las áreas sanitarias y los distritos sanitarios del Sistema público de salud de Galicia, ¿a quién le corresponde realizar el seguimiento de la ejecución de los presupuestos asignados a cada centro de gasto?

a) Dirección del Distrito Sanitario.
b) Dirección Asistencial.
c) Dirección de Recursos Económicos.
d) Dirección de Recursos Humanos.

14. La división territorial del Sistema público de salud de Galicia se estructura en:

a) Áreas Asistenciales.
b) Áreas Sanitarias.
c) Distritos Sanitarios.
d) Provincias.

15. El Decreto 137/2019, de 10 de octubre, por el que se establece la Estructura Orgánica del Servicio Gallego de Salud, regula como Órgano de Administración del Servicio Gallego de Salud:

a) El Consejo de Dirección y Participación.
b) La Comisión de Dirección y Participación.
c) El Consejo de Dirección.
d) La Comisión de Dirección.

16. El Servicio Gallego de Salud es:

a) Un ente público de carácter institucional.
b) Un consorcio público con personalidad jurídica propia.

c) Una entidad pública empresarial.

d) Un organismo autónomo de naturaleza administrativa.

17. Según el Decreto 137/2019, de 10 de octubre, por el que se establece la Estructura Orgánica del Servicio Gallego de Salud, la Gerencia del SERGAS tiene rango de:

a) Servicio General.

b) Dirección General.

c) Subdirección General.

d) Secretaría General.

18. ¿Cómo se lleva a cabo el desarrollo territorial de la Estrategia gallega de salud?

a) Mediante los planes de salud de área.

b) A través del Plan de salud de Galicia.

c) Conforme a los procesos de evaluación continua de la calidad asistencial.

d) Al amparo de la ordenación del Sistema Público de Salud.

19. Según el Decreto 137/2019, de 10 de octubre, por el que se establece la Estructura Orgánica del Servicio Gallego de Salud. ¿Cuál de los siguientes no es un Órgano Colegiado dentro de los Órganos Centrales de Dirección?

a) Comité Ejecutivo.

b) Dirección General de Asistencia Sanitaria.

c) Consejo de Dirección.

d) Todos los anteriores son Órganos Colegiados.

20. ¿A quién le corresponde, según la Ley de Salud de Galicia, la aprobación de la estructura orgánica de la Consellería competente en materia de Sanidad y del Servicio Gallego de Salud?

a) Consellería competente en materia de sanidad

b) Al Presidente de la Xunta.

c) Al Consejo de la Xunta de Galicia.

d) Al Parlamento de Galicia.

En MADTEST tienes **más preguntas de este tema**, y todos tus avances quedan registrados y se reflejan en el ranking.

¡Supera tus límites con MADTEST!

Solución al test n.º 4

1. a) Autoridad Sanitaria.

2. b) La Ley 1/1989, de 2 de enero.

3. c) Atención Primaria.

4. c) Título preliminar.

5. a) Al Consello de la Xunta.

6. c) Título primero. Capítulo segundo.

7. a) Al Consejo de la Xunta de Galicia.

8. a) Sustentabilidad.

9. d) El Consejo Asesor del Sistema Público de Salud de Galicia.

10. d) Título sexto.

11. c) Consejo de Dirección.

12. b) De la Comunidad Autónoma de Galicia, sin perjuicio de aquellas que corresponden al Estado debido a su integración en el Sistema Nacional de Salud.

13. c) Dirección de Recursos Económicos.

14. b) Áreas Sanitarias.

15. c) El Consejo de Dirección.

16. d) Un organismo autónomo de naturaleza administrativa.

17. d) Secretaría General.

18. a) Mediante los planes de salud de área.

19. b) Dirección General de Asistencia Sanitaria.

20. c) Al Consejo de la Xunta de Galicia.

TEST N.º 5

El Estatuto Marco del Personal Estatutario de los Servicios de Salud: clasificación del personal estatutario. Derechos y deberes. Retribuciones. Jornada de trabajo. Situaciones del personal estatutario. Régimen disciplinario. Incompatibilidades. Representación, participación y negociación colectiva

1. La Ley 55/2003 del Estatuto Marco de Personal Estatutario de los Servicios de Salud es aplicable:

a) Al personal estatutario de los servicios de salud.
b) Al personal sanitario excluyendo al personal de gestión y servicios.
c) Al personal funcionario de las Comunidades Autónomas.
d) Al personal funcionario del Estado.

2. El personal estatutario con nombramiento expedido para el ejercicio de una profesión o especialidad sanitaria se denomina:

a) Personal sanitario.
b) Otro personal.
c) Personal de mantenimiento.
d) Personal de gestión y servicios.

3. El personal estatutario con nombramiento expedido para el desempeño de funciones de gestión o para el desempeño de profesiones u oficios que no tengan carácter sanitario se denomina:

a) Personal universitario.
b) Personal de gestión y servicios.
c) Personal directivo.
d) Personal administrativo.

4. Según establece el art. 8 de la Ley 55/2003, de 16 de diciembre, del Estatuto Marco de los Servicios de Salud, es personal estatutario fijo:

a) El que una vez superado el correspondiente proceso selectivo, obtiene un nombramiento para el desempeño, con carácter permanente, de las funciones que de tal nombramiento se deriven.

b) Todo el personal al servicio de los Servicios de Salud.

c) El personal que realice una prestación de servicios determinados de naturaleza temporal, coyuntural o extraordinaria.

d) El personal en posesión de un contrato laboral indefinido.

5. Según el art. 5 del Estatuto Marco, el personal estatutario se clasifica atendiendo a: (señala la respuesta incorrecta):

a) La función desarrollada.

b) El nivel del título exigido para el ingreso.

c) El tipo de nombramiento.

d) El expediente laboral.

6. Conforme al artículo 9.1 del Estatuto Marco (en redacción dada por el Real Decreto-ley 12/2022, de 5 de julio, por el que se modifica la Ley 55/2003, de 16 de diciembre, del Estatuto Marco del personal estatutario de los servicios de salud) los nombramientos del Personal Estatutario Temporal de los Servicios de Salud serán:

a) Únicamente de Personal Estatutario Sanitario.

b) Personal Estatutario Contratado.

c) De Interinidad.

d) Como Personal Laboral.

7. Conforme al artículo 5 de la Ley 55/2003, de 16 de diciembre, el personal estatutario de los Servicios de Salud, se clasifica con diferentes criterios, atendiendo:

a) A la función desarrollada; al nivel del título exigido para su ingreso; y al tipo de contrato.

b) Al nivel del título exigido para su ingreso; y al tipo de nombramiento.

c) A su carácter de propietario, interino o eventual.

d) A la función desarrollada; al nivel del título exigido para su ingreso; y al tipo de nombramiento.

8. Conforme a lo dispuesto en el artículo 2.2 de la Ley 55/2003, de 16 de diciembre, del Estatuto Marco del personal estatutario de los servicios de salud, en lo no previsto en la misma serán aplicables al personal estatutario:

a) Las disposiciones y principios generales sobre función pública de la Administración correspondiente.

b) Las disposiciones de derecho laboral, dictadas al amparo del artículo 149.1.7º de la Constitución.

c) Las disposiciones sobre función pública de la Administración del Estado, en todo caso, conforme a lo dispuesto en el artículo 149.3 de la Constitución.

d) El convenio colectivo del personal laboral al servicio de la Administración correspondiente.

9. Conforme al artículo 6.2 de la Ley 55/2003, de 16 de diciembre, del Estatuto Marco del personal estatutario de los servicios de salud, atendiendo al nivel académico del título exigido para el ingreso, el personal estatutario sanitario de formación profesional se divide en:

a) Técnicos sanitarios y Auxiliares de Enfermería.
b) Técnicos superiores y Técnicos.
c) Técnicos superiores y Técnicos de gestión.
d) Técnicos especialistas y Técnicos.

10. Los excesos de jornada tendrán el carácter de jornada complementaria y un límite máximo de:

a) No hay límite máximo de horas.
b) 125 horas al año.
c) 135 horas al año.
d) 150 horas al año.

11. La Ley 55/2003 del Estatuto Marco de Personal Estatutario de los Servicios de Salud es de aplicación:

a) Al personal estatutario que integra las profesiones sanitarias.
b) Al personal estatutario que desempeña su función en los centros e instituciones sanitarias de los servicios de salud.
c) Al personal funcionario de los servicios de salud de las Comunidades Autónomas.
d) Al personal sanitario, excluyendo el personal de gestión y servicios.

12. El Estatuto Marco del Personal Estatutario de los Servicios de Salud está regulado por:

a) Una Ley orgánica.
b) Una Ley ordinaria.
c) Un Real Decreto.
d) Un Reglamento.

13. Según el Estatuto Marco, siempre que la duración de la jornada exceda de seis horas continuadas, deberá establecerse un periodo de descanso durante la misma de al menos:

a) 10 minutos.
b) 15 minutos.
c) 20 minutos.
d) 30 minutos.

14. Según el Estatuto Marco, se considera falta muy grave:

a) La falta de obediencia debida a los superiores.

b) El acoso sexual, cuando el sujeto activo del acoso cree con su conducta un entorno laboral intimidatorio, hostil o humillante para la persona que es objeto del mismo.

c) El incumplimiento del deber de respeto a la Constitución o al respectivo Estatuto de Autonomía en el ejercicio de sus funciones.

d) La aceptación de cualquier tipo de contraprestación por los servicios prestados a los usuarios de los Servicios de Salud.

15. El funcionario sancionado con la separación del servicio no podrá concurrir a las pruebas de selección para la obtención de la condición de personal estatutario fijo, ni prestar servicios como personal estatutario temporal, durante:

a) Los 6 años siguientes.

b) Los 5 años siguientes.

c) Los 10 años siguientes.

d) La separación del servicio es definitiva.

16. Cuando la suspensión de funciones se imponga por falta muy grave, no podrá superar:

a) Los seis años.

b) Los diez años.

c) Los doce años.

d) Los quince años.

17. Las faltas graves prescribirán:

a) Al año.

b) A los dos años.

c) A los tres años.

d) A los cuatro años.

18. Las sanciones impuestas por faltas leves prescribirán:

a) Al mes.

b) A los tres meses.

c) A los seis meses.

d) Al año.

19. Las sanciones disciplinarias firmes que se impongan al personal estatutario se anotarán en su expediente personal. Las anotaciones por sanciones impuestas por faltas leves se cancelarán de oficio, desde el cumplimiento de la sanción, a:

a) Los 3 meses.

b) Los 6 meses.

c) El año.
d) Los 2 años.

20. Es una retribución básica del personal estatutario:

a) El complemento de destino.
b) El complemento de carrera.
c) Las pagas extraordinarias.
d) El complemento de productividad.

En MADTEST tienes **más preguntas de este tema**, y todos tus avances quedan registrados y se reflejan en el ranking.

¡Supera tus límites con MADTEST!

Solución al test n.º 5

1. a) Al personal estatutario de los servicios de salud.

2. a) Personal sanitario.

3. b) Personal de gestión y servicios.

4. a) El que una vez superado el correspondiente proceso selectivo, obtiene un nombramiento para el desempeño, con carácter permanente, de las funciones que de tal nombramiento se deriven.

5. d) El expediente laboral.

6. c) De Interinidad.

7. d) A la función desarrollada; al nivel del título exigido para su ingreso; y al tipo de nombramiento.

8. a) Las disposiciones y principios generales sobre función pública de la Administración correspondiente.

9. b) Técnicos superiores y Técnicos.

10. d) 150 horas al año.

11. b) Al personal estatutario que desempeña su función en los centros e instituciones sanitarias de los servicios de salud.

12. b) Una Ley ordinaria.

13. b) 15 minutos.

14. c) El incumplimiento del deber de respeto a la Constitución o al respectivo Estatuto de Autonomía en el ejercicio de sus funciones.

15. a) Los 6 años siguientes.

16. a) Los seis años.

17. b) A los dos años.

18. c) A los seis meses.

19. b) Los 6 meses.

20. c) Las pagas extraordinarias.

TEST N.º 6

El personal estatutario del Servicio Gallego de Salud: régimen de provisión y selección de plazas

1. Conforme a lo dispuesto en el Estatuto Marco, ¿cuál de los siguientes no es un principio básico rector de la provisión de plazas del personal estatutario?

a) El principio de planificación eficiente de las necesidades de recursos.
b) El principio de estabilidad del personal en el conjunto del Sistema Nacional de Salud.
c) El principio de integración en el régimen organizativo y funcional del Servicio de Salud y de sus Instituciones y Centros.
d) El principio de capacidad.

2. Según establece la Ley de Salud de Galicia, la provisión de puestos de trabajo en el Sistema Público de Salud de Galicia se realizará a través de los procedimientos de:

a) Oposición y Concurso-Oposición.
b) Selección, promoción interna, movilidad, reingreso al servicio activo y libre designación.
c) Selección, promoción interna y movilidad.
d) Selección, promoción interna, movilidad y reingreso al servicio activo.

3. Conforme al Decreto 206/2005, de provisión de plazas de personal estatutario del SERGAS, ¿con qué periodicidad elaborará el Servicio Gallego de Salud un plan de provisión de plazas destinado a programar las pruebas de acceso del nuevo personal y los procesos de promoción interna y movilidad voluntaria del personal estatutario fijo?

a) Anualmente.
b) Preferentemente cada dos años.
c) Cada cinco años.
d) Cada seis años.

4. En cuanto a la selección de personal temporal en la Comunidad Autónoma de Galicia, el período de prueba en el caso de personal de formación universitaria, tanto personal estatutario sanitario, como de gestión y servicios no podrá superar el trabajo efectivo durante:

a) 1 mes.
b) 15 días.
c) 2 meses.
d) 3 meses.

5. El Estatuto Marco, Ley 55/2003, establece en cuanto a la selección de personal estatutario fijo, que las convocatorias y sus bases vinculan a:

a) La Administración.
b) Los Tribunales encargados de juzgar las pruebas.
c) Quienes participen en las pruebas.
d) Todos los anteriores.

6. En virtud de la Ley 2/2015, de 29 de abril, del Empleo Público de Galicia. ¿Qué porcentaje, del total de plazas convocadas para el Servicio Gallego de Salud, se reservará para ser cubiertas entre personas con discapacidad de grado igual o superior al 33 por ciento?

a) Un mínimo de un 2 %.
b) Un mínimo de un 3 %.
c) Un mínimo de un 4 %.
d) Un mínimo de un 7 %.

7. Como norma general, la gestión de los llamamientos de los aspirantes será llevada a cabo por:

a) Las direcciones de recursos humanos de las gerencias de gestión integrada.
b) Las direcciones de recursos económicos de las gerencias de gestión integrada.
c) Las gerencias de gestión integrada.
d) Las Direcciones Provinciales.

8. Según lo establecido en el Decreto 206/2005, de 22 de julio, de provisión de plazas de personal estatutario del Servicio Gallego de Salud, en el procedimiento de concurso-oposición, los empates se resolverán a favor de:

a) El que obtuviese mayor puntuación en la fase de concurso.
b) El que obtuviese mayor puntuación en la fase de oposición.
c) El que obtuviese mayor puntuación en formación.
d) No hay criterios de desempate en ese procedimiento.

9. Una vez finalizado el proceso selectivo, y resuelta la relación de aspirantes, ¿qué plazo se podrá habilitar para que estos presenten la documentación que acredite el cumplimiento de los requisitos exigidos en la convocatoria?

a) Siete días.
b) Diez días.
c) Quince días.
d) Un mes.

10. ¿Qué plazo tienen, aquellos miembros del personal estatutario fijo que participen en un concurso de traslado, y ganen una plaza en distinta área de salud, dentro del SERGAS, para la toma de posesión de esa nueva plaza?

a) Quince días hábiles siguientes a aquel en que se publique la resolución definitiva.
b) Quince días hábiles siguientes al del cese.
c) Quince días naturales siguientes a aquel en que se publique la resolución definitiva.
d) Quince días naturales siguientes al del cese.

11. ¿Qué plazo tienen aquellos miembros del personal estatutario fijo que participen en un concurso de traslado, y ganen una plaza de la misma área de salud que la que venían desempeñando, para la toma de posesión de esa nueva plaza?

a) Dos días hábiles siguientes a aquel en que se publique la resolución definitiva.
b) Dos días hábiles siguientes al del cese.
c) Dos días naturales siguientes a aquel en que se publique la resolución definitiva.
d) Dos días naturales siguientes al del cese.

12. El Estatuto Marco, Ley 55/2003, establece que para poder participar en los procesos selectivos de Personal Estatutario Fijo será necesario tener cumplidos:

a) 16 años.
b) 17 años.
c) 18 años.
d) 19 años.

13. La Ley de Salud de Galicia establece que la oferta de empleo público del Sistema Público de Salud de Galicia tendrá una periodicidad de:

a) Por lo menos bianual.
b) Bianual.
c) Anual.
d) Por lo menos anual.

14. Conforme al Decreto 206/2005, ¿qué procedimiento se utilizará para la provisión de los puestos de jefatura de servicio de las áreas de gestión y servicios?

a) Concurso de méritos.
b) Oposición libre.
c) Libre designación.
d) Concurso-oposición.

15. ¿Qué plazo tienen aquellos miembros del personal estatutario fijo que participen en un concurso de traslado, y ganen una plaza correspondiente a otro Servicio de Salud, para la toma de posesión de esa nueva plaza?

a) Quince días hábiles siguientes a aquel en que se publique la resolución definitiva.
b) Quince días hábiles siguientes al del cese.
c) Un mes siguiente a aquel en que se publique la resolución definitiva.
d) Un mes siguiente al del cese.

16. Conforme al Decreto 206/2005, en tanto no se proceda a la resolución de las convocatorias para cubrir puestos de la organización directiva del Servicio Gallego de Salud, dichos puestos directivos, ¿podrán ser cubiertos mediante nombramiento provisional?

a) No, en ningún caso.
b) Sí, por un plazo máximo de tres meses.
c) Sí, por un plazo máximo de seis meses.
d) Sí, por un plazo máximo de un año.

17. El Estatuto Marco dispone que la selección del personal estatutario temporal se efectuará a través de procedimientos que permitan la máxima agilidad en la selección, que se basarán en los principios de:

a) Igualdad, mérito, capacidad.
b) Competencia.
c) Publicidad.
d) Todos son correctos.

18. El Estatuto Marco, Ley 55/2003, establece que la Selección de Personal estatutario fijo se efectuará con carácter general por el sistema de:

a) Oposición.
b) Concurso.
c) Concurso-oposición.
d) Indistintamente por cualquiera de los sistemas mencionados.

19. Atendiendo a lo establecido en el Decreto 206/2005, de 22 de julio, de provisión de plazas de personal estatutario del Servicio Gallego de Salud, los puestos de supervisor de área y coordinadores de atención primaria, se proveerán a través de:

a) Sistema de evaluación colegiada, si requieren dedicación exclusiva.
b) Sistema de libre designación.
c) Concurso de méritos.
d) Concurso-oposición.

20. ¿Qué requisitos establece el Estatuto Marco para poder participar en los procesos de selección de personal estatutario fijo?

a) Poseer la nacionalidad española o la de un Estado miembro de la Unión Europea o del Espacio Económico Europeo, u ostentar el derecho a la libre circulación de trabajadores conforme al Tratado de la Unión Europea o a otros Tratados ratificados por España, o tener reconocido tal derecho por norma legal.
b) Estar en posesión de la titulación exigida en la convocatoria o en condiciones de obtenerla dentro del plazo de presentación de solicitudes.
c) Poseer la capacidad funcional necesaria para el desempeño de las funciones que se deriven del correspondiente nombramiento.
d) Todos los anteriores son requisitos.

En MADTEST tienes **más preguntas de este tema,** y todos tus avances quedan registrados y se reflejan en el ranking.

¡Supera tus límites con MADTEST!

Solución al test n.º 6

1. b) El principio de estabilidad del personal en el conjunto del Sistema Nacional de Salud.

2. b) Selección, promoción interna, movilidad, reingreso al servicio activo y libre designación.

3. b) Preferentemente cada dos años.

4. d) 3 meses.

5. d) Vinculan a todos los anteriores.

6. d) Un mínimo de un 7 %.

7. a) Las direcciones de recursos humanos de las gerencias de gestión integrada.

8. b) El que obtuviese mayor puntuación en la fase de oposición.

9. b) Diez días.

10. b) Quince días hábiles siguientes al del cese.

11. b) Dos días hábiles siguientes al del cese.

12. c) 18 años.

13. a) Por lo menos bianual.

14. c) Libre designación.

15. d) Un mes siguiente al del cese.

16. b) Sí, por un plazo máximo de tres meses.

17. d) Todos son correctos.

18. c) Concurso-oposición.

19. b) El que obtuviese mayor puntuación en la fase de oposición.

20. d) Todos los anteriores son requisitos.

TEST N.º 7

**Normativa vigente sobre protección de datos personales
y garantía de los derechos digitales: disposiciones generales;
principios de protección de datos; derechos de las personas.
La ley Gallega 3/2001, de 28 de mayo, reguladora del
consentimiento informado y de la historia clínica de los pacientes**

1. Según el artículo 18.3 de la Constitución Española, se garantiza el secreto de las comunicaciones y, en especial, de las postales, telegráficas y telefónicas:

a) Siempre.
b) Salvo resolución judicial.
c) Excepto en los casos que establezcan las leyes.
d) Salvo consentimiento del interesado.

2. Cuando los plazos se señalen por días en el RGPD o en la LO 3/2018, se entiende que estos:

a) Son naturales.
b) Son hábiles, de lunes a sábado; excluyéndose del cómputo los domingos y los declarados festivos.
c) Son naturales; excluyéndose del cómputo los declarados festivos.
d) Son hábiles, excluyéndose del cómputo los sábados, los domingos y los declarados festivos.

3. El RGPD considera "destinatario":

a) A la persona física o jurídica, autoridad pública, servicio u otro organismo al que se comuniquen datos personales, siempre que se trate de un tercero.
b) A la persona física o jurídica, autoridad pública, servicio u otro organismo al que se comuniquen datos personales, se trate o no de un tercero.
c) A la autoridad pública que pueda recibir datos personales en el marco de una investigación concreta de conformidad con el Derecho de la Unión o de los Estados miembros.

d) A la persona física o jurídica, autoridad pública, servicio u organismo distinto del interesado, del responsable del tratamiento, del encargado del tratamiento y de las personas autorizadas para tratar los datos personales bajo la autoridad directa del responsable o del encargado.

4. El RGPD denomina a la autoridad pública independiente establecida por un Estado miembro:

a) Agencia Nacional de Protección de Datos.
b) Representante.
c) Autoridad de control.
d) Autoridad de referencia.

5. ¿Cómo denomina el RGPD el tratamiento de datos personales de manera tal que ya no puedan atribuirse a un interesado sin utilizar información adicional, siempre que dicha información adicional figure por separado y esté sujeta a medidas técnicas y organizativas destinadas a garantizar que los datos personales no se atribuyan a una persona física identificada o identificable?

a) Seudonimización.
b) Anonimización.
c) Generalización.
d) Encriptación.

6. Conforme al artículo 3 de la LO 3/2018, las personas vinculadas al fallecido por razones familiares o de hecho así como sus herederos:

a) No podrán dirigirse al responsable o encargado del tratamiento para solicitar el acceso a los datos personales de aquella, si no es por vía judicial.
b) Solo podrán dirigirse al encargado del tratamiento, siempre que sea con objeto de rectificar datos manifiestamente falsos.
c) Podrán dirigirse al responsable o encargado del tratamiento siempre que sea con objeto de solicitar la supresión de los datos personales de aquella sin posibilidad de acceder a ellos.
d) Podrán dirigirse al responsable o encargado del tratamiento al objeto de solicitar el acceso a los datos personales de aquella y, en su caso, su rectificación o supresión.

7. Las Administraciones Públicas incorporarán a los temarios de las pruebas de acceso a los cuerpos superiores y a aquellos en que habitualmente se desempeñen funciones que impliquen el acceso a datos personales materias relacionadas con la garantía de los derechos digitales y en particular:

a) El de protección de datos.
b) El de libertad de expresión.
c) El de protección de los menores.
d) El de seguridad de las comunicaciones.

8. Toda persona cuya identidad pueda determinarse, directa o indirectamente, en particular mediante un identificador, como por ejemplo un nombre, un número de identificación, datos de localización, un identificador en línea o uno o varios elementos propios de la identidad física, fisiológica, genética, psíquica, económica, cultural o social de dicha persona, se considerará persona física:

a) Identificable.
b) Fichada.
c) Legal.
d) Tratable.

9. Los datos personales serán tratados de tal manera que se garantice una seguridad adecuada de los mismos, incluida la protección contra el tratamiento no autorizado o ilícito y contra su pérdida, destrucción o daño accidental, mediante la aplicación de medidas técnicas u organizativas apropiadas; todo ello en virtud del principio de:

a) Responsabilidad proactiva.
b) Integridad y confidencialidad.
c) Limitación de la finalidad.
d) Licitud, lealtad y transparencia.

10. Conforme al principio de limitación de la finalidad, los datos personales serán recogidos con fines determinados, explícitos y:

a) Limitados.
b) Transparentes.
c) Compatibles.
d) Legítimos.

11. En virtud de qué principio previsto por el Reglamento General de Protección de Datos, los datos personales serán adecuados, pertinentes y limitados a lo necesario en relación con los fines para los que son tratados:

a) Principio de exactitud.
b) Principio de limitación de la finalidad.
c) Principio de responsabilidad proactiva.
d) Principio de minimización de datos.

12. En relación al consentimiento, el Reglamento General de Protección de Datos dispone que:

a) El consentimiento puede deducirse del silencio o de la inacción de los ciudadanos.
b) Se permite el llamado consentimiento tácito.

c) No es admisible el consentimiento del interesado dado en el contexto de una declaración escrita que también se refiera a otros asuntos.

d) Quienes recopilen datos personales deben ser capaces de demostrar que el afectado les otorgó su consentimiento.

13. Como la consecuencia del derecho que tienen los ciudadanos a solicitar, y obtener de los responsables, que los datos personales sean suprimidos cuando, entre otros casos, estos ya no sean necesarios para la finalidad con la que fueron recogidos, cuando se haya retirado el consentimiento o cuando estos se hayan recogido de forma ilícita, el Reglamento General de Protección de Datos propugna el derecho:

a) Al olvido.
b) De oposición.
c) De rectificación.
d) Al borrado.

14. Según el Reglamento General de Protección de Datos, cuando los datos personales no se hayan obtenido del interesado, el responsable del tratamiento le facilitará, entre otras informaciones, los fines del tratamiento a que se destinan los datos personales, así como la base jurídica del tratamiento. El responsable del tratamiento facilitará la información dentro de un plazo razonable, una vez obtenidos los datos personales, y a más tardar dentro de:

a) 10 días hábiles.
b) 20 días.
c) 1 mes.
d) 3 meses.

15. Según el Reglamento (UE) 2016/679, de 27 de abril, relativo a la protección de las personas físicas en lo que respecta al tratamiento de datos personales y a la libre circulación de estos datos, para poder considerar que el consentimiento del interesado para el tratamiento de sus datos personales es inequívoco:

a) Se requerirá declaración jurada del interesado donde manifieste su conformidad.
b) Se precisa contrato de cesión de datos personales.
c) Deberá existir una declaración del interesado o una acción positiva que manifieste su conformidad.
d) Bastará con el consentimiento por silencio, casillas ya marcadas o inacción.

16. El tratamiento de datos personales solo podrá considerarse fundado en el cumplimiento de una misión realizada en interés público o en el ejercicio de poderes públicos conferidos al responsable cuando derive de una competencia atribuida por:

a) Una norma con rango de ley.
b) El Reglamento General de Protección de Datos.

c) La Ley Orgánica 3/2018, de 5 de diciembre, de Protección de Datos Personales y garantía de los derechos digitales.

d) Un Reglamento.

17. Conforme al artículo 9 de la LO 3/2018, de 5 de diciembre, de Protección de Datos Personales y garantía de los derechos digitales, cuál de los siguientes tratamientos de datos fundados en el Derecho español deberá estar amparado en una norma con rango de ley:

a) Tratamiento necesario con fines de archivo en interés público, fines de investigación científica o histórica.

b) Tratamiento efectuado, en el ámbito de sus actividades legítimas y con las debidas garantías, por una fundación, una asociación o cualquier otro organismo sin ánimo de lucro, cuya finalidad sea política, filosófica, religiosa o sindical, siempre que el tratamiento se refiera exclusivamente a los miembros actuales o antiguos de tales organismos o a personas que mantengan contactos regulares con ellos en relación con sus fines y siempre que los datos personales no se comuniquen fuera de ellos sin el consentimiento de los interesados.

c) Tratamiento necesario para fines de medicina preventiva o laboral, evaluación de la capacidad laboral del trabajador, diagnóstico médico, prestación de asistencia o tratamiento de tipo sanitario o social, o gestión de los sistemas y servicios de asistencia sanitaria y social.

d) Tratamiento referido a datos personales que el interesado ha hecho manifiestamente públicos.

18. Conforme al RGPD, el interesado tendrá derecho a obtener del responsable del tratamiento la limitación del tratamiento de los datos cuando el responsable ya no necesite los datos personales para los fines del tratamiento, pero el interesado los necesite para:

a) La formulación, el ejercicio o la defensa de reclamaciones.

b) Verificar la exactitud de los mismos

c) Incorporarlos a sus archivos personales.

d) Proceder él mismo a su destrucción.

19. El derecho a la portabilidad de los datos:

a) Se podrá aplicar a los tratamientos que sean necesario para el cumplimiento de una misión realizada en interés público o en el ejercicio de poderes públicos conferidos al responsable del tratamiento.

b) A diferencia de otros derechos, podrá afectar negativamente a los derechos y libertades de otros.

c) Supone la obligación de que, en todo caso, los datos personales se transmitan directamente de responsable a responsable.

d) Requiere que el tratamiento se efectúe por medios automatizados.

20. Cuando las solicitudes de ejercicio de los derechos de un interesado en un tratamiento de datos de carácter personal sean manifiestamente infundadas o excesivas, especialmente debido a su carácter repetitivo, el responsable del tratamiento podrá cobrar un canon razonable en función de los costes administrativos afrontados para facilitar la información o la comunicación o realizar la actuación solicitada. A menos que exista causa legítima para ello, se podrá considerar repetitivo el ejercicio del derecho de acceso en más de una ocasión durante el plazo de (a partir de):

a) 3 meses.
b) 6 meses.
c) 10 meses.
d) 1 año.

En MADTEST tienes **más preguntas de este tema**, y todos tus avances quedan registrados y se reflejan en el ranking.

¡Supera tus límites con MADTEST!

Solución al test n.º 7

1. b) Salvo resolución judicial.

2. d) Son hábiles, excluyéndose del cómputo los sábados, los domingos y los declarados festivos.

3. b) A la persona física o jurídica, autoridad pública, servicio u otro organismo al que se comuniquen datos personales, se trate o no de un tercero.

4. c) Autoridad de control.

5. a) Seudonimización.

6. d) Podrán dirigirse al responsable o encargado del tratamiento al objeto de solicitar el acceso a los datos personales de aquella y, en su caso, su rectificación o supresión.

7. a) El de protección de datos.

8. a) Identificable.

9. b) Integridad y confidencialidad.

10. d) Legítimos.

11. d) Principio de minimización de datos.

12. d) Quienes recopilen datos personales deben ser capaces de demostrar que el afectado les otorgó su consentimiento.

13. a) Al olvido.

14. c) 1 mes.

15. c) Deberá existir una declaración del interesado o una acción positiva que manifieste su conformidad.

16. a) Una norma con rango de ley.

17. c) Tratamiento necesario para fines de medicina preventiva o laboral, evaluación de la capacidad laboral del trabajador, diagnóstico médico, prestación de asistencia o tratamiento de tipo sanitario o social, o gestión de los sistemas y servicios de asistencia sanitaria y social.

18. a) La formulación, el ejercicio o la defensa de reclamaciones.

19. d) Requiere que el tratamiento se efectúe por medios automatizados.

20. b) 6 meses.

TEST N.º 8

La Ley 31/1995, de 8 de noviembre, de Prevención de Riesgos Laborales: capítulos I, II, III y V. Principales riesgos y medidas de prevención en las IISS. Ley Orgánica 1/2004, de 28 de diciembre, de Medidas de Protección Integral contra la Violencia de Género. Ley 11/2007, de 27 de julio, gallega para la prevención y el tratamiento integral de la violencia de género. Legislación sobre igualdad de mujeres y hombres: su aplicación en los distintos ámbitos de la función pública

1. Señala la respuesta incorrecta:

a) La Ley de Prevención de Riesgos Laborales se aplica a los operativos de Seguridad civil en casos de catástrofe.

b) La Ley de Prevención de Riesgos Laborales se aplica a las sociedades cooperativas.

c) En el ámbito de la relación laboral de carácter especial del servicio del hogar familiar, las personas trabajadoras tienen derecho a una protección eficaz en materia de seguridad y salud en el trabajo.

d) En los establecimientos penitenciarios, se adaptarán a la Ley de Prevención de Riesgos Laborales aquellas actividades cuyas características justifiquen una regulación especial.

2. ¿Cuál es la vigente Ley de Prevención de Riesgos Laborales?

a) Ley 32/1995, de 8 de noviembre.

b) Ley 30/1996, de 8 de noviembre.

c) Ley 31/1995, de 6 de noviembre.

d) Ley 31/1995, de 8 de noviembre

3. El órgano científico técnico especializado de la Administración General del Estado que tiene como misión el análisis y estudio de las condiciones de seguridad y salud en el trabajo, así como la promoción y apoyo a la mejora de las mismas, es:

a) El Instituto Nacional de Seguridad y Salud en el Trabajo.

b) La Comisión Nacional de Seguridad y Salud en el Trabajo.

c) El Instituto Carlos III.

d) El Centro Nacional de Promoción y Cuidados de la Salud.

4. La Presidencia de la Comisión Nacional de Seguridad y Salud en el Trabajo, corresponde a:

a) El titular del Ministerio competente en materia de Sanidad.

b) El titular del Ministerio competente en materia de Empleo.

c) El Secretario de Estado de Trabajo.

d) El Director del Instituto Nacional de Seguridad y Salud en el Trabajo.

5. ¿Qué se entiende por "riesgo laboral"?

a) La posibilidad de que un trabajador sufra un determinado daño derivado del trabajo.

b) La posibilidad de que un trabajador sufra una enfermedad en el trabajo.

c) La posibilidad de que un trabajador sufra acoso.

d) El riesgo que supone el ir a trabajar.

6. Según establece la Ley 31/1995 de Prevención de Riesgos Laborales, ¿a qué órgano le corresponde la función de vigilancia y control de la normativa de prevención de riesgos laborales?

a) Al Instituto Nacional de Seguridad y Salud en el Trabajo.

b) A la Inspección de Trabajo y Seguridad Social.

c) Al Servicio de Salud.

d) A la Comisión Nacional de Seguridad y Salud del Trabajo.

7. Según establece el art. 4 de la Ley 31/1995, de 8 de noviembre, de Prevención de Riesgos Laborales, se define como daños derivados del trabajo:

a) La posibilidad de que un trabajador sufra un determinado daño derivado del trabajo.

b) El que resulte probable racionalmente que se materialice en un futuro inmediato y pueda suponer y pueda suponer un daño grave para la salud de los trabajadores.

c) Las enfermedades, patologías o lesiones sufridas con motivo u ocasión del trabajo.

d) Cualquier máquina, aparato, instrumento o instalación utilizada en el trabajo.

8. Los instrumentos esenciales para la gestión y aplicación del Plan de prevención de riesgos laborales son:

a) La evaluación de riesgos y la planificación de la actividad preventiva.

b) La evaluación inicial de riesgos y la formación.

c) La planificación y la gestión de la actividad preventiva.

d) La identificación y la evaluación de los riesgos.

9. Las normas reglamentarias en materia de Prevención las dicta:

a) El Gobierno, a través de las correspondientes normas reglamentarias y previa consulta a las organizaciones sindicales y empresariales más representativas.
b) Los Delegados de Prevención.
c) Los Delegados de Prevención y el Empresario.
d) El Empresario.

10. La Comisión Nacional de Seguridad y Salud en el Trabajo, está compuesta por:

a) Representantes de las organizaciones sindicales y empresariales.
b) Un representante de cada una de las Comunidades Autónomas y representantes de las organizaciones sindicales y empresariales.
c) Representantes de la Administración y representantes de las organizaciones sindicales y empresariales.
d) Un representante de cada una de las Comunidades Autónomas y por igual número de miembros de la Administración General del Estado y, paritariamente con todos los anteriores, por representantes de las organizaciones empresariales y sindicales más representativas.

11. ¿Cuándo se deben utilizar los equipos de protección individual?

a) Siempre.
b) Cuando los riesgos no hayan sido evaluados.
c) Cuando los riesgos no se puedan evitar o no puedan limitarse.
d) Cuando el trabajador lo estime oportuno.

12. La Ley de Prevención de Riesgos laborales, tiene por objeto:

a) Prevenir los accidentes en general.
b) Evitar riesgos en el recorrido al puesto de trabajo.
c) Promover la seguridad y la salud de los trabajadores.
d) Que cada vez haya menos accidentes de tráfico.

13. Según la Ley de Prevención de Riesgos Laborales, se constituirá un Comité de Seguridad y Salud en todas las empresas o centros de trabajo que cuenten con:

a) 30 o más trabajadores.
b) 50 o más trabajadores.
c) 75 o más trabajadores.
d) 100 o más trabajadores.

14. La regulación de los requisitos mínimos que deben reunir las condiciones de trabajo para la protección de la seguridad y la salud de los trabajadores, corresponde a:

a) Las Cortes Generales.
b) El Gobierno de la nación, previa consulta a las organizaciones sindicales y empresariales más representativas.

c) El Consejo de Gobierno de cada Comunidad Autónoma; por delegación del Consejo de Ministros.

d) Los Convenios Colectivos.

15. El proceso dirigido a estimar la magnitud de aquellos riesgos que no hayan podido evitarse, obteniendo la información necesaria para que el empresario esté en condiciones de tomar una decisión apropiada sobre la necesidad de adoptar medidas preventivas y, en tal caso, sobre el tipo de medidas que deben adoptarse, se llama:

a) Adaptación del puesto de trabajo.

b) Evaluación de los riesgos laborales.

c) Plan de prevención de riesgos laborales.

d) Señalización de seguridad y salud en el trabajo.

16. La función de vigilancia y control de la normativa sobre prevención de riesgos laborales corresponde:

a) A la Dirección General de Personal y Desarrollo Profesional.

b) A la Delegación Provincial de Trabajo.

c) A la Inspección de Trabajo y Seguridad Social.

d) Al Servicio de Medicina Preventiva.

17. Entre los principios de la acción preventiva recogidos por el artículo 15 de la Ley de Prevención de Riesgos Laborales, no figura:

a) Evitar los riesgos.

b) Evaluar los riesgos que se puedan evitar.

c) Tener en cuenta la evolución de la técnica.

d) Dar las debidas instrucciones a los trabajadores.

18. La Prevención de Riesgos Laborales deberá integrarse en el sistema general de gestión de la empresa a través de:

a) La política preventiva.

b) El plan de prevención.

c) El consenso de las partes.

d) El poder de decisión del empresario.

19. ¿Cuál de los siguientes principios generales de la acción preventiva a aplicar en el trabajo, contenidos en la Ley de Prevención de Riesgos Laborales, es incorrecto?

a) Evaluar los riesgos que no se pueden evitar.

b) Priorizar medidas individuales a las colectivas.

c) Combatir los riesgos en su origen.

d) Tener en cuenta la evolución de la técnica.

20. El Plan de prevención de riesgos laborales debe ser aprobado por:

a) La dirección de la empresa.
b) La autoridad sanitaria.
c) Los representantes de los trabajadores.
d) Todos los trabajadores.

Solución al test n.º 8

1. a) La Ley de Prevención de Riesgos Laborales se aplica a los operativos de Seguridad civil en casos de catástrofe.

2. d) Ley 31/1995, de 8 de noviembre.

3. a) El Instituto Nacional de Seguridad y Salud en el Trabajo.

4. c) El Secretario de Estado de Trabajo.

5. a) La posibilidad de que un trabajador sufra un determinado daño derivado del trabajo.

6. b) A la Inspección de Trabajo y Seguridad Social.

7. c) Las enfermedades, patologías o lesiones sufridas con motivo u ocasión del trabajo.

8. a) La evaluación de riesgos y la planificación de la actividad preventiva.

9. a) El Gobierno, a través de las correspondientes normas reglamentarias y previa consulta a las organizaciones sindicales y empresariales más representativas.

10. d) Un representante de cada una de las Comunidades Autónomas y por igual número de miembros de la Administración General del Estado y, paritariamente con todos los anteriores, por representantes de las organizaciones empresariales y sindicales más representativas.

11. c) Cuando los riesgos no se puedan evitar o no puedan limitarse.

12. c) Promover la seguridad y la salud de los trabajadores.

13. b) 50 o más trabajadores.

14. b) El Gobierno de la nación, previa consulta a las organizaciones sindicales y empresariales más representativas.

15. b) Evaluación de los riesgos laborales.

16. c) A la Inspección de Trabajo y Seguridad Social.

17. b) Evaluar los riesgos que se puedan evitar.

18. b) El plan de prevención.

19. b) Priorizar medidas individuales a las colectivas.

20. a) La dirección de la empresa.

TEST PARTE ESPECÍFICA

TEST N.º 1

Servicio de radiología y medicina nuclear: estructura, organización y funciones. Servicio de admisión, atención al paciente y documentación clínica

1. ¿Cuál es la "señalización de zona vigilada en un Servicio de Medicina Nuclear"?

a) Se señaliza con un trébol azul con puntas radiales sobre fondo gris.
b) Se señaliza con un trébol gris con puntas radiales sobre fondo punteado.
c) Se señaliza con un trébol rojo con puntas radiales sobre fondo blanco.
d) Se señaliza con un trébol verde con puntas radiales sobre fondo punteado.

2. ¿Quién suele ser el Jefe de Servicio de Medicina Nuclear?

a) Un médico especialista en Medicina Nuclear.
d) Un Técnico Superior en Imagen para el Diagnóstico y Medicina Nuclear (TSDI).
a) Un enfermero con la especialidad realizada.
b) Un médico especialista en Radiología.

3. ¿Qué categoría tendrán los médicos radiólogos responsables en el Servicio de las distintas áreas en que se divide el mismo (tórax, abdomen, pediatría, etc.), debiendo garantizar un funcionamiento adecuado?

a) Jefe de Servicio.
b) Jefe de Sección.
c) Radiólogo Adjunto.
d) Radiólogo Residente.

4. ¿Cuánto dura generalmente la residencia de los médicos residentes en el Servicio de Radiología?

a) 2 años.
b) 3 años.
c) 4 años.
d) 5 años.

5. ¿Qué miembro del equipo multidisciplinar del Servicio de Radiología no es paramédico?

a) Auxiliar de Enfermería.
b) Técnico/a Superior en Imagen para el Diagnóstico y Medicina Nuclear (TSID).
c) Administrativa.
d) Todos pertenecen al personal paramédico.

6. ¿Quién es el responsable directo del control del trabajo realizado por el personal paramédico o sanitario no facultativo?

a) Un jefe de Sección.
b) Un supervisor técnico.
c) Un enfermero con rango de jefe.
d) El propio jefe de Servicio.

7. ¿Qué miembro del equipo multidisciplinar del servicio de radiología no es considerado personal sanitario?

a) Médicos radiólogos.
b) TSID.
c) Celadores.
d) Son todos considerados como personal sanitario.

8. ¿Quiénes no están integrados en el organigrama de un Servicio de Medicina Nuclear, entre las figuras que componen?

a) No están integrados los celadores.
b) No están integrados los TSID.
c) No están integrados los Técnicos Superiores de Laboratorio.
d) Todos los anteriores están integrado como personal en Medicina Nuclear.

9. ¿Quién suele ser el Jefe de Servicio de Radiología?

a) Un enfermero con la especialidad realizada.
b) Un técnico antiguo de radiodiagnóstico.
c) Un médico radiólogo.
d) Un técnico superior en imagen.

10. ¿Quiénes no están integrados en el organigrama de un servicio de radiodiagnóstico, entre las figuras que componen?

a) No están integrados los celadores.
b) No están integrados los enfermeros.
c) No están integrados los TSID.
d) No están integrados los técnicos de laboratorio.

11. ¿Qué sistema utilizado en la intercomunicación de redes emplea DICOM para el intercambio de imágenes?

a) PACS.
b) RIS.
c) POP.
d) HTTP.

12. ¿Qué protocolo utilizado en la intercomunicación de redes emplea DICOM?

a) TCP/IP.
b) WAN.
c) POP.
d) HTTP.

13. ¿Qué significa el término DICOM?

a) Determinación de imágenes con objeto mediano.
b) Imagen digitalizada comunicada.
c) *Comunication Digital of Medicine.*
d) *Digital Imaging and Communication on Medicine.*

14. ¿Qué integra el estándar DICOM 3.0?

a) PACS.
b) RIS.
c) HIS.
d) Todo lo anterior.

15. ¿Qué especificación o parte del DICOM establece los formatos lógicos para guardar la información sobre varios medios de comunicación?

a) *Point-to-Point Communication Support for Message Interchange* o parte 10.
b) *Network Communication Support for Message Exchange* o parte 10.
c) *Media Storage Application Profiles* o parte 10.
d) *Media Storage and File Format for Media Interchange* o parte 10.

16. ¿Cuál es el medio para el intercambio de información basado en imágenes, sonido y datos entre médicos, servicios y hospitales?

a) PACS.
b) RIS.
c) HIS.
d) DICOM.

17. ¿Qué estándar DICOM alcanza la consolidación permitiendo integrar RIS, PACS y HIS? El estándar DICOM:

a) 1.1.
b) 2.1.
c) 3.0.
d) 4.1.

En MADTEST tienes **más preguntas de este tema, comentadas y argumentadas,** y todos tus avances quedan registrados y se reflejan en el ranking.

¡Supera tus límites con MADTEST!

A continuación te presentamos algunos ejemplos de preguntas comentadas:

18. ¿Cuál de estos elementos no es componente o función del PACS?

a) Servidores de imágenes y servicios de impresión.
b) Estaciones de trabajo para la exhibición de imágenes y consulta.
c) Gestión de archivos analógicos.
d) Interfaces para equipamiento de imagen y servidores de bases de datos.

Respuesta Correcta: c) Gestión de archivos analógicos.

Los sistemas PACS utilizan varios componentes (hardware y software) con funciones específicas. Estos componentes son:

– Digitalizadores láser para placas de R-X.

– Digitalizadores de vídeo.

– Estaciones de trabajo para la exhibición de imágenes.

– Estaciones de consulta.

– Servicios de impresión.

– Servidores de imágenes.

– Servidores de bases de datos.

– Interfaces para equipamiento de imagen.

– Redes de comunicación.

– Sistemas de archivo por medio de almacenamiento óptico y magnético.

19. ¿Cuál es el principal requisito de un PACS?

a) Poder realizar impresiones a tamaño real de las imágenes médicas, con escasos sesgos de longitud o área de las mismas.

b) Poder disponer de forma integrada de las imágenes digitales asociadas a un paciente procedente de las distintas modalidades.

c) Poseer unas redes de comunicación ultra potente, para poder intercambiar las imágenes con otros servicios dentro o fuera del hospital.

d) Nada de lo anterior es cierto.

Respuesta Correcta: b) Poder disponer de forma integrada de las imágenes digitales asociadas a un paciente procedente de las distintas modalidades.

El principal requisito de un PACS es poder disponer de forma integrada de las imágenes digitales asociadas a un paciente procedente de las distintas modalidades (angiografía por sustracción digital-ASD, tomografía computarizada-TC, digitalización de película, etc.).

20. ¿Qué medios son los más empleados en la obtención de imágenes digitales a partir de la radiología convencional de forma directa?

a) Mediante CR (*Computed Radiography*).

b) Mediante sistemas de radiografía digital o directa DR (*Digital Radiography*).

c) Son correctas las respuestas a) y b).

d) Son incorrectas las respuestas a) y b).

Respuesta Correcta: c) Son correctas las respuestas a) y b).

La obtención de imágenes digitales a partir de la radiología convencional de forma directa se realiza mediante dos nuevas tecnologías: los sistemas de radiografía computarizada conocidos como CR (Computed Radiography) y los sistemas de radiografía digital o directa DR (Digital Radiography), que generan la imagen a partir de unas placas especiales de fósforo.

Solución al test n.º 1

1. b) Se señaliza con un trébol gris con puntas radiales sobre fondo punteado.

2. a) Un médico especialista en Medicina Nuclear.

3. b) Jefe de Sección.

4. c) 4 años.

5. c) Administrativa.

6. b) Un supervisor técnico.

7. c) Celadores.

8. d) Todos los anteriores están integrado como personal en Medicina Nuclear.

9. c) Un médico radiólogo.

10. d) No están integrados los técnicos de laboratorio.

11. a) PACS.

12. a) TCP/IP.

13. d) *Digital Imaging and Communication on Medicine*.

14. d) Todo lo anterior.

15. d) *Media Storage and File Format for Media Interchange* o parte 10.

16. a) PACS.

17. c) 3.0.

18. c) Gestión de archivos analógicos.

19. b) Poder disponer de forma integrada de las imágenes digitales asociadas a un paciente procedente de las distintas modalidades.

20. c) Son correctas las respuestas a) y b).

TEST N.º 2

Concepto de asepsia, antisepsia, esterilización y desinfección. Concepto de salud y enfermedad. La infección hospitalaria: medidas preventivas en el servicio de radiología y medicina nuclear

1. ¿Cuál es la principal diferencia entre desinfección y esterilización?

a) La desinfección elimina esporas bacterianas.
b) La esterilización es siempre química.
c) La desinfección reduce microorganismos patógenos, pero no los elimina completamente.
d) La esterilización se realiza solo con agua.

2. ¿Cuál de los siguientes métodos de desinfección implica el uso de gases o vapores?

a) Fumigación.
b) Inmersión.
c) Loción.
d) Asepsia.

3. ¿Qué tipo de instrumental requiere esterilización obligatoria por su contacto con tejidos estériles?

a) Material semicrítico.
b) Material crítico.
c) Material no crítico.
d) Material descartable.

4. ¿Qué concentración de hipoclorito sódico se recomienda para una desinfección eficaz en hospitales?

a) 2 %.
b) 5 %.
c) 10 %.
d) 0,5 % (equivale a 500 ppm).

5. ¿Qué tipo de microorganismo es más resistente a los procesos de desinfección?

a) Virus con envoltura.
b) Bacterias grampositivas.
c) Esporas bacterianas.
d) Hongos filamentosos.

6. ¿Cuál de los siguientes productos presenta efecto virucida, bactericida y esporicida?

a) Clorhexidina.
b) Peróxido de hidrógeno.
c) Alcohol etílico.
d) Compuestos fenólicos.

7. ¿Qué técnica se basa en la colocación de los instrumentos en una solución desinfectante durante un tiempo determinado?

a) Inmersión.
b) Loción.
c) Fumigación.
d) Esterilización húmeda.

8. ¿Qué producto es eficaz frente a bacterias grampositivas y gramnegativas y se usa como antiséptico cutáneo?

a) Yodopovidona.
b) Fenol.
c) Glutaraldehído.
d) Amonio cuaternario.

9. ¿Qué tipo de calor utiliza el autoclave para esterilizar material sanitario?

a) Calor seco.
b) Calor húmedo bajo presión.
c) Calor por radiación.
d) Microondas.

10. ¿Cuál es el principal inconveniente del uso de alcoholes como desinfectantes?

a) Baja volatilidad.
b) Baja eficacia frente a bacterias.
c) No se inactivan con materia orgánica.
d) Son inflamables.

11. ¿Qué se entiende por "esterilización"?

a) Reducción de bacterias hasta niveles seguros.
b) Eliminación parcial de virus y bacterias.
c) Destrucción total de todos los microorganismos, incluidas esporas.
d) Inactivación de microorganismos sin dañar tejidos.

12. ¿Qué grupo de productos desinfectantes actúa modificando la permeabilidad de la membrana celular?

a) Alcoholes.
b) Amonios cuaternarios.
c) Fenoles.
d) Glutaraldehído.

13. ¿Qué materiales se esterilizan habitualmente mediante calor húmedo?

a) Textiles y materiales porosos.
b) Agujas hipodérmicas.
c) Jeringas de vidrio.
d) Catéteres metálicos.

14. ¿Cuál es la técnica correcta para asegurar la acción desinfectante en la limpieza de superficies?

a) Aplicar vapor seco sin presión.
b) Frotar con alcohol hasta evaporación.
c) Usar bayetas empapadas en solución y dejarlas actuar.
d) Rociar con agua oxigenada y secar.

15. ¿Qué afirmación sobre la clasificación del instrumental según su riesgo de transmisión infecciosa es correcta?

a) El instrumental semicrítico se usa solo en piel intacta.
b) El material crítico debe esterilizarse siempre.
c) El instrumental no crítico requiere esterilización por calor seco.
d) Todo material no reutilizable se considera crítico.

16. ¿Qué sustancia antiséptica está contraindicada en neonatos por riesgo de toxicidad sistémica?

a) Etanol.
b) Glutaraldehído.
c) Clorhexidina.
d) Yodo povidona.

17. ¿Qué propiedad caracteriza al glutaraldehído como desinfectante de alto nivel?

a) Actúa solo sobre virus encapsulados.
b) Su acción depende del oxígeno.
c) Tiene actividad esporicida y no daña instrumentos ópticos.
d) Es exclusivamente bacteriostático.

En MADTEST tienes **más preguntas de este tema,**

comentadas y argumentadas, y todos tus avances quedan registrados y se reflejan en el ranking.

¡Supera tus límites con MADTEST!

A continuación te presentamos algunos ejemplos de preguntas comentadas:

18. ¿Cuál es el tiempo y temperatura recomendados para esterilizar en autoclave a 121 °C?

a) 15 minutos.
b) 30 minutos.
c) 60 minutos.
d) 10 minutos.

Respuesta correcta: b) 30 minutos.

La esterilización a 121 °C requiere un tiempo mínimo de 30 minutos para asegurar la destrucción total de microorganismos y esporas. Si se eleva la temperatura a 134 °C, el tiempo puede reducirse a 15 minutos, dependiendo del tipo de carga.

19. ¿Qué tipo de calor se utiliza en la esterilización por horno Pasteur?

a) Radiación infrarroja.
b) Calor húmedo a baja presión.
c) Calor seco por convección.
d) Radiación UV.

Respuesta correcta: c) Calor seco por convección.

La esterilización por horno Pasteur utiliza aire caliente circulante que alcanza temperaturas de 160–180 °C. Se usa principalmente para materiales metálicos, de vidrio o sustancias en polvo termoestables. No es eficaz para materiales porosos o plásticos.

20. ¿Qué método se utiliza para esterilizar material termosensible que no soporta humedad?

a) Autoclave.
b) Horno de calor seco.
c) Peróxido de hidrógeno.
d) Óxido de etileno.

Respuesta correcta: d) Óxido de etileno.

El óxido de etileno es un gas esterilizante usado en materiales termosensibles como plásticos o componentes electrónicos. Tiene una excelente penetrabilidad y actividad microbicida, pero requiere cámaras especiales y tiempos prolongados de aireación postproceso.

Solución al test n.º 2

1. c) La desinfección reduce microorganismos patógenos, pero no los elimina completamente.

2. a) Fumigación.

3. b) Material crítico.

4. d) 0,5 % (equivale a 500 ppm).

5. c) Esporas bacterianas.

6. b) Peróxido de hidrógeno.

7. a) Inmersión.

8. a) Yodopovidona.

9. b) Calor húmedo bajo presión.

10. d) Son inflamables.

11. c) Destrucción total de todos los microorganismos, incluidas esporas.

12. b) Amonios cuaternarios.

13. a) Textiles y materiales porosos.

14. c) Usar bayetas empapadas en solución y dejarlas actuar.

15. b) El material crítico debe esterilizarse siempre.

16. d) Yodo povidona.

17. c) Tiene actividad esporicida y no daña instrumentos ópticos.

18. b) 30 minutos.

19. c) Calor seco por convección.

20. d) Óxido de etileno.

TEST N.º 3

Relación técnico especialista-paciente. Técnicas de comunicación y habilidades sociales. Problemática y atención de pacientes afectados de discapacidad física o psíquica, pacientes seniles y pacientes oncológicos. Técnicas de movilización de pacientes

1. ¿Qué aspectos debe tener en cuenta y conocer el Técnico Superior en Imagen para el Diagnóstico respecto a la atención del paciente?

a) Actuar siempre en consecuencia con los principios éticos que marca su profesión.
b) Conocer las normas relacionadas con el cumplimiento de los derechos y deberes de los pacientes.
c) Conocer las normas relacionadas con el cumplimiento de los derechos y deberes de los pacientes, así como las normas de mecánica corporal, y actuar siempre en consecuencia con los principios éticos que marca su profesión.
d) Nada de lo anterior es cierto.

2. ¿Qué expresamos, escuchamos y comprendemos con la comunicación entre personas?

a) Sentimientos.
b) Ideas.
c) Emociones.
d) Todo lo anterior.

3. ¿Qué conlleva para el receptor de la comunicación saber centrarse en la persona que está hablando, mantener un buen contacto visual y saber responder o contestar cualquier pregunta en el momento oportuno?

a) Tener una escucha activa.
b) Saber escuchar.
c) Son correctas las respuestas a) y b).
d) Son incorrectas las respuestas a) y b).

4. ¿Dónde o cuándo se produce en el servicio de radiología el primer contacto con el paciente y primer acto de comunicación con el mismo?

a) En la sala de control.
b) A la hora de la recepción.
c) En la sala de exploración.
d) En los vestuarios del usuario.

5. ¿Cuál de las siguientes opciones se considera muy importante dentro de la relación entre personas en el ámbito sanitario?

a) Catarsis.
b) Comunicación no verbal.
c) Comunicación verbal.
d) Empatía y comunicación no verbal.

6. ¿Cuál debe ser nuestro principal objetivo en la atención al paciente?

a) Sanar al paciente.
b) Satisfacer las necesidades del paciente.
c) Evitar presunciones sobre todo en pacientes que van a realizarse pruebas diagnósticas.
d) Utilizar la comunicación verbal para aliviar sus temores.

7. ¿Qué aspectos son muy importantes en la comunicación del técnico con el resto del equipo de radiología dentro de unas adecuadas relaciones interpersonales?

a) Realizar una adecuada comunicación verbal y respetando las normas de convivencia.
b) Realizar una adecuada comunicación no verbal y respetando las normas de convivencia.
c) Una adecuada comunicación no verbal, contacto apropiado con los compañeros formal e informalmente y cuidar nuestro aspecto físico.
d) Nada de lo anterior es importante.

8. ¿Qué situación consideras inapropiada en la comunicación del técnico con el resto del equipo de radiología?

a) Escuchar pausadamente y atentamente a los compañeros de trabajo.
b) Llevar a cabo unas relaciones interpersonales basadas en el hecho de que los demás se sientan a gusto consigo mismos.
c) Felicitar por un trabajo bien hecho.
d) Realizar comentarios no constructivos y murmuraciones sobre personas del equipo.

9. ¿Qué beneficios para el técnico superior en imagen para el diagnóstico conlleva realizar una adecuada atención y preparación al paciente, como insumo del sistema?

a) Mejorará su trato de interrelación y comunicación con otros profesionales.
b) Protocolizará mejor su trabajo diario.

c) Interpretará más eficazmente los resultados, al obtenerse imágenes de gran calidad.

d) Disminuirá los riesgos de exposición externa e interna, mejorará su seguridad jurídica, así como protocolizará mejor su trabajo diario.

10. ¿Se requiere preparación previa en las radiografías simples de abdomen?

a) Nunca se requiere.
b) Generalmente se requiere.
c) Generalmente se requiere, especialmente en casos de alergia medicamentosa.
d) Generalmente se requiere, excepto en urgencias.

11. En las radiografías simples:

a) Siempre es necesaria una preparación previa del paciente antes de acudir al servicio de radiodiagnóstico.
b) Nunca es necesaria la preparación previa del paciente.
c) En general, no se requiere ninguna preparación previa del paciente, excepto en las radiografías simples de abdomen.
d) En general, no se requiere ninguna preparación previa del paciente, excepto en las radiografías simples de tórax.

12. ¿Qué tiempo aproximado debe permanecer el paciente en observación tras la administración del contraste?

a) 5 minutos.
b) 15 minutos.
c) 30 minutos.
d) 60 minutos.

13. ¿Qué le diremos al paciente al finalizar la prueba (TC) si esta ha sido con contraste?

a) Que no coma en dos horas.
b) Que ande mucho.
c) Que beba mucho líquido.
d) Todas son ciertas.

14. ¿Qué es cierto sobre los pacientes claustrofóbicos?

a) Son obesos.
b) Necesitan más tiempo para que sean informados.
c) Suelen ser irritables y requieren de menos tiempo para ser informados.
d) Necesitan más tiempo para será informados y suelen ser irritables.

15. ¿En qué situaciones del paciente puede obviarse la realización del consentimiento informado ante una radiología intervencionista?

a) Si el procedimiento viene dictado por orden judicial (imperativo legal).
b) Por incompetencia del paciente argumentable judicialmente.

c) Son correctas las respuestas a) y b).
d) Nunca debe obviarse la firma del consentimiento informado.

16. Generalmente, ¿cuándo decimos que se termina de realizar un estudio radiológico mamográfico?

a) Cuando la paciente se marcha inmediatamente.
b) Cuando la paciente espera hasta que le digamos que se marche.
c) Cuando la paciente vuelve a la hora.
d) Cuando la paciente recoge los resultados y se marcha.

17. ¿Qué estudio no es habitual de radiología telemandada?

a) Ortopantomografía.
b) Enema opaco.
c) Urografía intravenosa.
d) Dacriocistografía.

En MADTEST tienes **más preguntas de este tema,**

comentadas y argumentadas, y todos tus avances quedan
registrados y se reflejan en el ranking.

¡Supera tus límites con MADTEST!

A continuación te presentamos algunos ejemplos de preguntas comentadas:

18. ¿Qué medida de estas se requiere en la preparación del paciente frente a una cistografía?

a) Ayuno desde la noche anterior.
b) No requiere preparación previa.
c) La tarde anterior usar un laxante.
d) Son correctas las respuestas b) y c).

Respuesta correcta: b) No requiere preparación previa.

La cistografía es uno de los estudios que habitualmente no requiere de preparación previa.

19. ¿Qué preparación requiere la cistografía retrograda?

a) Firmar un consentimiento informado.
b) Ir con la vejiga llena.

c) Las respuestas a) y b) son correctas.
d) No tiene preparación previa.

Respuesta correcta: a) Firmar un consentimiento informado.

La cistografía retrógrada consiste en un examen radiográfico detallado de la vejiga, en el cual el medio de contraste se introduce en dicho órgano a través de la uretra mediante una sonda flexible. Por ello, el examen no precisa de preparación alguna, lo único que deberá hacer el paciente es firmar un formulario de consentimiento informado para la realización de la prueba y deberá vaciar la vejiga antes de su realización.

20. ¿Cuándo se debe realizar la histerosalpingografía?

a) Una semana antes de la menstruación.
b) Durante la menstruación.
c) Una semana después de la menstruación.
d) Durante la ovulación.

Respuesta correcta: c) Una semana después de la menstruación.

La histerosalpingografía debe ser realizada justo después de la menstruación, por lo que sí la mujer no se encuentra en esta situación debe esperar a tener la regla y el primer día de esta llamar para indicar que debe realizarse una histerosalpingografía y que es su primer día de regla. En el centro radiológico le darán la cita para la realización de la prueba dentro de los 10 primeros días del inicio de la menstruación, generalmente entre el 7 y 8 días (1 semana tras la menstruación), para evitar que la paciente esté embarazada.

Solución al test n.º 3

1. c) Conocer las normas relacionadas con el cumplimiento de los derechos y deberes de los pacientes, así como las normas de mecánica corporal, y actuar siempre en consecuencia con los principios éticos que marca su profesión.

2. d) Todo lo anterior.

3. c) Son correctas las respuestas a) y b).

4. b) A la hora de la recepción.

5. d) Empatía y comunicación no verbal.

6. b) Satisfacer las necesidades del paciente.

7. c) Una adecuada comunicación no verbal, contacto apropiado con los compañeros formal e informalmente y cuidar nuestro aspecto físico.

8. d) Realizar comentarios no constructivos y murmuraciones sobre personas del equipo.

9. d) Disminuirá los riesgos de exposición externa e interna, mejorará su seguridad jurídica, así como protocolizará mejor su trabajo diario.

10. d) Generalmente se requiere, excepto en urgencias.

11. c) En general, no se requiere ninguna preparación previa del paciente, excepto en las radiografías simples de abdomen.

12. b) 15 minutos.

13. c) Que beba mucho líquido.

14. d) Necesitan más tiempo para será informados y suelen ser irritables.

15. c) Son correctas las respuestas a) y b).

16. b) Cuando la paciente espera hasta que le digamos que se marche.

17. a) Ortopantomografía.

18. b) No requiere preparación previa.

19. a) Firmar un consentimiento informado.

20. c) Una semana después de la menstruación.

Programa de garantía de calidad en el servicio de radiología y medicina nuclear. Control de calidad en aspectos clínicos. Control de calidad del equipamiento. Programa de mantenimiento

1. Según la OMS, ¿cómo se define un programa de garantía de calidad en radiodiagnóstico?

a) Es un esfuerzo organizado para conseguir que las imágenes diagnósticas tengan una calidad suficientemente elevada.

b) Los esfuerzos anteriores deben llevarse a cabo con el menor coste posible.

c) El paciente debe tener la menor exposición a las radiaciones en Radiología.

d) Todo lo anterior entra dentro de la definición de programa de garantía de calidad según la OMS.

2. ¿En qué normativa de las que se exponen vienen recogidas las bases para trabajar bajo marcos de calidad asistencial en España?

a) En la Ley General de Sanidad de 1986.

b) En el marco de la Constitución Española.

c) En el Código Civil.

d) En la Ley General de Sanidad de 2002.

3. ¿Cuál es el objetivo principal de la garantía de calidad en imagen para el diagnóstico?

a) Disminuir los costos de las pruebas.

b) Garantizar el diagnóstico mediante la obtención de imágenes excelentes.

c) Disminuir el número de placas defectuosas.

d) Ninguno de los anteriores.

4. ¿Qué afirmación es correcta del programa de garantía de calidad en radiodiagnóstico?

a) Los procedimientos para la evaluación de los indicadores de dosis en pacientes en las prácticas más frecuentes, se realizarán con una periodicidad mínima de 5 años.

b) El programa no recogerá, por innecesario, la tasa de rechazo o repetición de imágenes.

c) Será obligatorio implantarlo, en todas las unidades asistenciales de radiodiagnóstico.

d) Todo lo anterior es falso.

5. ¿Cómo se deben garantizar los protocolos de cada tipo de práctica radiológica estándar para cada equipo, por el responsable del programa de garantía de calidad? Se deben garantizar:

a) En cada acto verbalmente.

b) En cada sesión clínica del equipo mediante discusión grupal.

c) Por escrito, optimizándose la dosis absorbida recibida por los pacientes como consecuencia del acto médico, odontológico o podológico.

d) Todas las maneras anteriores son correctas.

6. ¿Cuál debe ser el valor de referencia de dosis superficie a la entrada del paciente para radiografías periapicales en adultos? Se tomará como valor de referencia:

a) 0,5 mGy.

b) 5 mGy.

c) 7 mGy.

d) 10 mGy.

7. ¿Mediante qué sistemas de los que se exponen se pueden llevar a cabo la verificación de los niveles de radiación en los puestos de trabajo y en aquellos lugares accesibles al público?

a) Mediante cámara de ionización con un rango de energía para fotones que alcance, al menos, 25 keV y una exactitud en la respuesta de ± 15 por 100.

b) Mediante dosímetros de termoluminiscencia.

c) Con ninguno de los anteriores.

d) Son ciertas las respuestas a) y b). Aunque también se pueden hacer con los indicados en ambas opciones a la vez.

8. ¿Cuál debe ser el valor de referencia de dosis superficie a la entrada del paciente para radiografías de la columna lumbosacra en adultos? Se tomará como valor de referencia:

a) 10 mGy.

b) 15 mGy.

c) 25 mGy.

d) 40 mGy.

9. Todo lo que se expone sobre el ruido o moteado cuántico es cierto excepto que:

a) Con él disminuye la resolución en contraste.

b) Cuanto menor sea la cantidad de fotones que se aproximen a la pantalla menor será el moteado y viceversa.

c) Se origina por la variación estadística que se produce a causa del número de fotones que se absorbe por mm² de superficie en la pantalla de refuerzo.

d) El ruido se aprecia más en las imágenes digitales que en las analógicas.

10. ¿Qué afirmación es incorrecta respecto al control de calidad de las pantallas intensificadoras y chasis?

a) El chasis no debe ocasionar en la radiografía zonas con diferencias visibles de densidad o zonas poco nítidas.

b) El chasis debe estar herméticamente cerrado ante la exposición, y se comprueba siempre que aparezcan bordes negros en la placa, que es lo adecuado.

c) No se deben apreciar artefactos importantes en las películas previamente expuestas y reveladas.

d) Las densidades ópticas de las imágenes obtenidas con combinaciones pantalla-película del mismo tipo y en idénticas condiciones de exposición no deben diferir en más de 0,3 DO.

11. Atendiendo a la calidad en radiografías, ¿cuál debe ser la calidad de la radiación en radiografía dental?

a) 40 kV, como mínimo.
b) 50 kV, como mínimo.
c) 60 kV, como mínimo.
d) 70 kV, como mínimo.

12. ¿Para qué se calibran las pantallas intensificadoras de los aparatos radiográficos?

a) Para mejorar la imagen.
b) Para mejorar el contraste en la placa.
c) Para disminuir el ruido de fondo.
d) Para evitar la presencia de artefactos en las placas.

13. ¿Qué valor (en kV) no debe excederse en los equipos radiográficos con la prueba de kilovoltaje de pico con respecto al kilovoltaje real?

a) ± 4 kV.
b) ± 15 kV.
c) ± 22 kV.
d) ± 33 kV.

14. ¿Con qué debe coincidir el campo exploratorio donde va incidir el haz útil en radiología convencional?

a) Con la zona anatómica a explorar y un margen de más menos 2 cm.
b) Con el campo luminoso del colimador.

c) Son correctas las respuestas a) y b).
d) Son incorrectas las respuestas a) y b).

15. ¿Qué método es el más idóneo en el control de calidad del tamaño del punto focal de un aparato radiográfico?

a) El estetoscopio.
b) El patrón en estrella.
c) La cámara de hendidura.
d) El fotocronómetro.

16. ¿Qué valor es normal si se le realiza a un fluoroscopio una prueba del sistema de exposición automática (mR/s)?

a) 30 mR/s.
b) 60 mR/s.
c) 90 mR/s.
d) 120 mR/s.

17. ¿Cómo se denomina una señal no deseada que llega a los sistemas de representación y que se manifiesta en la imagen final como un granulado en la imagen TC?

a) Filtración.
b) Linearidad.
c) Ruido.
d) Cinesis.

En MADTEST tienes **más preguntas de este tema,**

comentadas y argumentadas, y todos tus avances quedan registrados y se reflejan en el ranking.

¡Supera tus límites con MADTEST!

A continuación te presentamos algunos ejemplos de preguntas comentadas:

18. ¿Qué dispositivos son capaces de medir varios parámetros de calidad en TC?

a) Maniquí de agua.
b) Fantoma de serrín.
c) Catpham.
d) Burbuja de gas.

Respuesta correcta: c) Catpham.

Existen utensilios capaces de medir varios parámetros de calidad en TC, es el caso del catpham. Es un dispositivo que permite medir diferentes parámetros, en funcion de cada una de las bandas de color en las que se divide. Es utilizado fundamentalmente en TAC.

19. ¿Qué es en un TC la relación entre el brillo de las zonas más claras y de las más oscuras de la imagen?

a) Resolución espacial.
b) Resolución de densidades.
c) Sensibilidad.
d) Linearidad.

Respuesta correcta: b) Resolución de densidades.

La resolución de densidades (contraste) se define como la relación entre el brillo de las zonas más claras y de las más oscuras de la imagen.

20. ¿Cuándo aparecen los artefactos en anillos en un TC?

a) Cuando hay fallos en el tubo de Rx.
b) Cuando falla el generador de alta.
c) Cuando falla alguno de los detectores.
d) Cuando el paciente se deja una prenda personal durante el examen, como por ejemplo un anillo.

Respuesta correcta: c) Cuando falla alguno de los detectores.

Los artefactos en anillo se producen por el mal funcionamiento de uno de los detectores. Son característicos de los equipos de tercera generación. Los sistemas actuales vienen provistos de sistemas de control que alertan antes de producirse estos errores.

Solución al test n.º 4

1. d) Todo lo anterior entra dentro de la definición de programa de garantía de calidad según la OMS.

2. a) En la Ley General de Sanidad de 1986.

3. b) Garantizar el diagnóstico mediante la obtención de imágenes excelentes.

4. c) Será obligatorio implantarlo, en todas las unidades asistenciales de radiodiagnóstico.

5. c) Por escrito, optimizándose la dosis absorbida recibida por los pacientes como consecuencia del acto médico, odontológico o podológico.

6. c) 7 mGy.

7. d) Son ciertas las respuestas a) y b). Aunque también se pueden hacer con los indicados en ambas opciones a la vez.

8. d) 40 mGy.

9. b) Cuanto menor sea la cantidad de fotones que se aproximen a la pantalla menor será el moteado y viceversa.

10. b) El chasis debe estar herméticamente cerrado ante la exposición, y se comprueba siempre que aparezcan bordes negros en la placa, que es lo adecuado.

11. b) 50 kV, como mínimo.

12. d) Para evitar la presencia de artefactos en las placas.

13. a) ± 4 kV.

14. b) Con el campo luminoso del colimador.

15. c) La cámara de hendidura.

16. a) 30 mR/s.

17. c) Ruido.

18. c) Catpham.

19. b) Resolución de densidades.

20. c) Cuando falla alguno de los detectores.

TEST N.º 5

Física de las radiaciones: conceptos y tipos de radiaciones ionizantes. Interacción de las radiaciones ionizantes con la materia. Fuentes y equipos generadores de radiaciones ionizantes utilizadas en las unidades de radiología y medicina nuclear. Magnitudes y unidades radiológicas

1. ¿Qué radiación de estas no posee masa asociada?

a) Radiación beta (+).
b) Radiación gamma.
c) Radiación alfa.
d) Todas poseen masa.

2. ¿Cuál de estas es una REM?

a) Radiación X.
b) Protones.
c) Radiación alfa.
d) Radiación beta.

3. ¿Qué radiación de estas es ionizante?

a) Radiofrecuencias.
b) Infrarroja.
c) Alfa.
d) Microondas.

4. Todo lo que se dice de una radiación electromagnética (REM) es cierto, excepto que:

a) Es la emisión y propagación de energía, a través del vacío o de un medio material.
b) Se emiten y se propagan en forma de energía pura.
c) Puede emitirse y propagarse en forma de onda o de corpúsculo (fotón).
d) Cada una viaja a una velocidad diferente y depende esta de la energía que posea.

5. ¿De qué depende el equivalente másico de las REM?

a) De la constante de Planck (h).
b) De la velocidad a la que viajan (C).
c) De la energía que posean.
d) De todo lo anterior.

6. ¿Qué radiaciones son aquellas que son formas de propagación de energía a través del vacío o de un medio material, en formas de campos eléctricos y magnéticos perpendiculares y oscilantes entre sí?

a) Radiaciones electromagnéticas ionizantes.
b) Radiaciones electromagnéticas no ionizantes.
c) Radiaciones corpusculares.
d) Son ciertas a) y b).

7. ¿Qué radiación del espectro de las REM es más energética de las que se nombran?

a) Radiación X.
b) Radiación ultravioleta.
c) Radiación infrarroja.
d) Espectro visible.

8. ¿Qué radiación del espectro de las REM posee mayor frecuencia de las que se nombran?

a) Microondas.
b) Radiofrecuencia.
c) Gamma.
d) Ultravioleta.

9. ¿Qué radiación del espectro de las REM pose mayor longitud de onda de las que se nombran?

a) Gamma.
b) Ultravioleta.
c) X.
d) Microondas.

10. ¿Qué efecto de las radiaciones X y gamma se usan en medicina?

a) Fotoionizante.
b) Fotoquímico.
c) Fototérmico.
d) Fotonuclear.

11. Las partículas que son emisiones de electrones por núcleos atómicos se denominan:

a) Beta (+).
b) Beta (–).
c) Neutrones térmicos.
d) No existen.

12. ¿A qué se denomina la disminución de la intensidad de la radiación primaria o incidente a su paso por un medio material?

a) Atenuación.
b) Absorción.
c) Dispersión.
d) Colisión.

13. La transferencia de energía de la radiación primaria o incidente sobre la materia se denomina:

a) Absorción.
b) Aniquilación.
c) Atenuación.
d) Dispersión.

14. El número de fotones totales que posee un haz de radiación se denomina:

a) Amplitud.
b) Intensidad.
c) Potencia.
d) Energía.

15. Atenuación de la radiación es igual a:

a) Intensidad más elasticidad.
b) Absorción más dispersión.
c) Absorción más elasticidad.
d) Absorción más intensidad.

16. ¿Qué tipo de ionización es la más frecuente que se da con el efecto fotoeléctrico al colisionar con la materia la radiación X?

a) Ionización total.
b) Ionización directa.
c) Ionización indirecta.
d) Ionización clásica.

17. La probabilidad de que un fotón X o gamma emitido permanezca en un punto de la materia es:

a) Muy alta.
b) Alta.
c) Baja.
d) Prácticamente nula.

En MADTEST tienes **más preguntas de este tema,**

comentadas y argumentadas, y todos tus avances quedan registrados y se reflejan en el ranking.

¡Supera tus límites con MADTEST!

A continuación te presentamos algunos ejemplos de preguntas comentadas:

18. La dispersión clásica o Thompson se produce para radiaciones ionizantes con:

a) Longitud de onda larga (energía menor a 10 Kev) y con un potencial absorbente (materia) con Z bajo.
b) Longitud de onda corta (energía mayor a 10 Kev) y con un potencial absorbente (materia) con Z alto.
c) Longitud de onda larga (energía menor a 10 Kev) y con un potencial absorbente (materia) con Z alto.
d) Longitud de onda corta (energía mayor a 10 Kev) y con un potencial absorbente (materia) con Z bajo.

Respuesta correcta: c) Longitud de onda larga (energía menor a 10 Kev) y con un potencial absorbente (materia) con Z alto.

La dispersión clásica es aquel efecto que se produce cuando un fotón de radiación X colisiona con un átomo interaccionando con un electrón cortical sin arrancarlo del átomo, originando una radiación emergente con la misma energía, pero con un cambio de dirección, pero para que este se dé es necesario que las radiaciones aplicadas tengan una longitud de onda larga (poco energéticas, E<10 Kev) y que la materia presente un número atómico muy elevado. No hay ionización.

19. ¿Qué tipo de interacción se busca que se dé más frecuentemente en radiodiagnóstico con la materia?

a) Interacción por efecto Thompson.
b) Interacción por efecto Compton.

c) Interacción por efecto fotoeléctrico.
d) Interacción por dispersión de pares.

Respuesta correcta: c) Interacción por efecto fotoeléctrico.

El efecto más deseado es el fotoeléctrico, ya que los que se producen en rayos X son los que pertenecen al intervalo diagnóstico que poseen una energía media (que dan el mismo).

20. La interacción fotoeléctrica es mucho más probable cuando:

a) La energía del fotón y la de enlace del electrón están alejadas y es inversamente proporcional al cubo del número atómico de la materia de colisión.
b) La energía del fotón y la de enlace del electrón están próximas y es directamente proporcional al cubo del número atómico de la materia de colisión.
c) La energía del fotón y la de enlace del electrón están próximas y es inversamente proporcional al cubo del número atómico de la materia de colisión.
d) La energía del fotón y la de enlace del electrón están alejadas y es directamente proporcional al cubo del número atómico de la materia de colisión.

Respuesta correcta: b) La energía del fotón y la de enlace del electrón están próximas y es directamente proporcional al cubo del número atómico de la materia de colisión.

Es más probable el efecto fotoeléctrico cuando la energía del fotón y la de enlace del electrón están próximas y es directamente proporcional al cubo del número atómico de la materia de colisión (a mayor Z mucho más probable).

Solución al test n.º 5

1. b) Radiación gamma.

2. a) Radiación X.

3. c) Alfa.

4. d) Cada una viaja a una velocidad diferente y depende esta de la energía que posea.

5. c) De la energía que posean.

6. d) Son ciertas a) y b).

7. a) Radiación X.

8. c) Gamma.

9. d) Microondas.

10. a) Fotoionizante.

11. b) Beta (–).

12. a) Atenuación.

13. a) Absorción.

14. b) Intensidad.

15. b) Absorción más dispersión.

16. c) Ionización indirecta.

17. d) Prácticamente nula.

18. c) Longitud de onda larga (energía menor a 10 Kev) y con un potencial absorbente (materia) con Z alto.

19. c) Interacción por efecto fotoeléctrico.

20. b) La energía del fotón y la de enlace del electrón están próximas y es directamente proporcional al cubo del número atómico de la materia de colisión.

TEST N.º 6

Detención y medida de las radiaciones: fundamentos. Detectores utilizados en las instalaciones de radiología y medicina nuclear. Dosimetría ambiental y personal

1. ¿Qué organismo en España promueve y mantiene el estudio y análisis de cuestiones en materia de radioprotección?

a) ICRP.
b) AETR.
c) SERAM.
d) SEPR.

2. ¿Qué característica de las que se nombra es incorrecta de la ICRP (o en español: CIPR) como organismo que trata la protección radiológica?

a) Es un organismo independiente.
b) Es un organismo autónomo.
c) Es un organismo internacional.
d) Es un organismo que realiza recomendaciones a los países en materia de radioprotección, en busca siempre de un beneficio neto económico, por encima del beneficio sanitario.

3. ¿A quiénes van dirigidas las recomendaciones de la Red ALARA Europea?

a) A los organismos reguladores nacionales.
b) A los profesionales implicados en la protección radiológica.
c) A los sectores industriales, médicos y de investigación, interesados en esta materia.
d) A todos los anteriores.

4. ¿Qué recomendación o afirmación de las que se exponen en materia de protección radiológica es incorrecta?

a) A pesar de los límites de dosis existentes, se debe evitar o intentar que se reciba la menor dosis posible.
b) A nivel del operador de radiaciones ionizantes, y debido al riesgo de su uso, hay que tener en cuenta el balance riesgo-beneficio.

c) Con el control de los límites anuales de dosis, y teniendo en cuenta la distancia y el factor tiempo de exposición, no es necesario utilizar barreras u otras medidas protectoras frente a la radiación.

d) Se ha comprobado científicamente que no sobrepasando los límites anuales de dosis no existen riesgos ni efectos biológicos.

5. ¿Qué sujeto de los que se nombran será considerado de la misma categoría de riesgo que los trabajadores expuestos a la radiación, independientemente sea de la categoría A o B?

a) Un visitante habitual del Servicio de Radiología.

b) Un acompañante de un paciente que requiere un examen radiológico.

c) Un estudiante en su fase de Formación en Centros de Trabajo (FCT) de Laboratorio de Análisis Clínico, mayor de 18 años.

d) Un estudiante en su fase de Formación en Centros de Trabajo (FCT) de Imagen para el Diagnóstico, mayor de 18 años.

6. ¿A qué distancia de seguridad (alcance máximo: R), se reducen los riesgos por radiación beta? Los riesgos por radiación beta se reducen a:

a) Escasas decenas de metro.

b) Escasos metros.

c) Escasos centímetros.

d) Escasos milímetros.

7. ¿Qué tipo de emisión puede producirse si se blinda un material emisor de radiaciones β?

a) No se produce nada si se blinda con plomo.

b) Se produce radiación X característica.

c) Se puede producir radiación corpuscular neutrónica.

d) Puede producirse radiación X de frenado.

8. Si la intensidad de la radiación primaria es de 80 rad, calcular cuánto se absorberá totalmente al atravesar dos capas consecutivas (C1 y C2) de coeficientes de atenuación diferentes: $\eta 1 = 20\%$, y $\eta 2 = 30\%$.

a) 44,8 rad.

b) 64 rad.

c) 35,2 rad.

d) 28,8 rad.

9. ¿De qué factor dependiente de la penetrabilidad de las radiaciones ionizantes surge el denominado coeficiente de atenuación lineal (η)?

a) Naturaleza de la sustancia con la que interacciona.

b) Densidad del medio material.

c) Espesor del medio material.
d) Dureza de la radiación.

10. ¿Qué fenómenos abarca la luminiscencia?

a) La fluorescencia y la fosforescencia.
b) La fosforescencia y los destellos.
c) La absorción y dispersión.
d) La atenuación y la penetrabilidad.

11. ¿Qué zona de la película radiográfica posee lucencia?

a) Zona de emulsión.
b) Zona de base.
c) Zona protectora.
d) Zona óxido-reducible.

12. ¿Qué se produce por el movimiento de electrones ocasionados en las diferentes ionizaciones de la radiación ionizante sobre el aire?

a) Efecto fotoeléctrico.
b) Corriente eléctrica.
c) Luz.
d) Nada de lo anterior.

13. ¿Por qué aparato se puede medir el efecto ionizante de la radiación en el aire?

a) Amperímetro.
b) Galvanómetro.
c) Potenciómetro.
d) Tubo fotomultiplicador.

14. ¿A qué es directamente proporcional dentro de una cámara de condensación la cantidad de radiación?

a) A la cantidad de fotones de luz.
b) A la cantidad de electricidad.
c) A la cantidad de materia.
d) Son ciertas las respuestas a) y c).

15. ¿Qué tipo de efecto biológico de la radiación considerarías cualitativo?

a) Ennegrecimiento de placas.
b) Energía o dureza de la propia radiación.
c) Fluorescencia.
d) Catálisis.

16. ¿Cuáles son los aparatos de área, que miden en general la tasa de exposición en el lugar de trabajo?

a) Monitores de tasa de dosis.
b) Monitores de contaminación radiactiva.
c) Exposímetros.
d) Nada de lo anterior.

17. ¿Qué procedimiento de medición de contaminación es aquel que se le realiza a personas?

a) Medición personal.
b) Dosimetría personal.
c) Detección directa.
d) Detección indirecta.

En MADTEST tienes **más preguntas de este tema,**

comentadas y argumentadas, y todos tus avances quedan registrados y se reflejan en el ranking.

¡Supera tus límites con MADTEST!

A continuación te presentamos algunos ejemplos de preguntas comentadas:

18. ¿Qué área deben abarcar los frotis a realizar cuando se hace un control de contaminación de medición indirecta de superficies (en cm^2)?

a) 100.
b) 150.
c) 200.
d) 1000.

Respuesta correcta: a) 100.

La detección indirecta de contaminación se realiza previo frotado de las zonas (100 cm2) y haciendo pasar los radionúclidos por un papel de filtro (donde se quedan) y medición posterior con el detector (generalmente de centelleo).

19. ¿Qué dosímetro o detector de la radiación ionizante consideras activo?

a) De termoluminiscencia.
b) De película.

c) Personales de bolsillo (cámara ionización).
d) Ninguno de los anteriores.

Respuesta correcta: c) Personales de bolsillo (cámara ionización).

Los dosímetros activos son los que requieren de fuente de alimentación eléctrica, y generalmente son de lectura directa; es el caso de los dosímetros personales de bolsillo (la fuente es la cámara de ionización). Los pasivos no requieren de fuente de alimentación eléctrica, como es el caso de los dosímetros de termoluminiscencia, de película, etc.

20. ¿Qué detector o dosímetro es de señal visual?

a) Detector proporcional.
b) Detector Geiger-Müller.
c) De película.
d) Cámara de ionización.

Respuesta correcta: c) De película.

El dosímetro de los expuestos que posee señal visual es el de película, ya que los demás son detectores, o bien la señal que emite o produce es eléctrica. Es visual al ojo humano, al paso de la radiación ionizante, bien dejando un documento de carácter permanente, o bien fotografiable.

Solución al test n.º 6

1. d) SEPR.

2. d) Es un organismo que realiza recomendaciones a los países en materia de radioprotección, en busca siempre de un beneficio neto económico, por encima del beneficio sanitario.

3. d) A todos los anteriores.

4. c) Con el control de los límites anuales de dosis, y teniendo en cuenta la distancia y el factor tiempo de exposición, no es necesario utilizar barreras u otras medidas protectoras frente a la radiación.

5. d) Un estudiante en su fase de Formación en Centros de Trabajo (FCT) de Imagen para el Diagnóstico, mayor de 18 años.

6. b) Escasos metros.

7. d) Puede producirse radiación X de frenado.

8. c) 35,2 rad.

9. c) Espesor del medio material.

10. a) La fluorescencia y la fosforescencia.

11. b) Zona de base.

12. b) Corriente eléctrica.

13. b) Galvanómetro.

14. b) A la cantidad de electricidad.

15. b) Energía o dureza de la propia radiación.

16. a) Monitores de tasa de dosis.

17. c) Detección directa.

18. a) 100.

19. c) Personales de bolsillo (cámara ionización).

20. c) De película.

TEST N.º 7

Radiobiología: radiosensibilidad, respuesta celular sistémica y orgánica. Efectos genéticos y somáticos de la radiación

1. ¿Cuál de los siguientes fenómenos de interacción es el más frecuente en radiodiagnóstico?

a) Producción de pares.
b) Efecto Compton.
c) Efecto fotoeléctrico.
d) Fisión nuclear.

2. ¿Qué fenómeno de interacción requiere una energía mínima de 1,02 MeV para producirse?

a) Efecto fotoeléctrico.
b) Ionización directa.
c) Efecto Compton.
d) Producción de pares.

3. ¿Cómo se denomina la fase de la interacción en la que se forman radicales libres tras la ionización?

a) Fase física.
b) Fase química.
c) Fase biológica.
d) Fase clínica.

4. ¿Cuál de las siguientes propiedades de la interacción radiación-materia indica que sus efectos no se manifiestan inmediatamente?

a) Aleatoriedad.
b) Acción acumulativa.
c) Período de latencia.
d) Inespecificidad.

5. ¿Qué propiedad indica que las lesiones por radiación no se distinguen de las producidas por otros agentes?

a) Inespecificidad.
b) Aleatoriedad.
c) Instantaneidad.
d) No selectividad.

6. ¿Cuál de los siguientes principios de protección radiológica se relaciona directamente con el concepto A.L.A.R.A.?

a) Justificación.
b) Optimización.
c) Limitación de dosis.
d) Evaluación clínica.

7. ¿Cuál es un ejemplo concreto del principio de justificación en radiología?

a) Realizar una tomografía sin prescripción médica.
b) Reducir al máximo el tiempo de exposición.
c) Hacer una radiografía de tórax ante sospecha de neumonía.
d) Utilizar delantales plomados durante procedimientos quirúrgicos.

8. ¿Cuál de los siguientes factores contribuye a aplicar el principio A.L.A.R.A. de forma efectiva?

a) Permanecer más tiempo cerca de la fuente radiactiva.
b) Utilizar barreras de plomo solo si no hay sobrecoste.
c) Disminuir el tiempo de exposición y aumentar la distancia a la fuente.
d) Repetir las pruebas radiológicas para asegurar precisión.

9. ¿Cuál de los siguientes objetivos pertenece a la Red A.L.A.R.A. Europea creada por la Comisión Europea en 1996?

a) Controlar la venta de equipos de radiología en Europa.
b) Elaborar normativas sobre emisión de gases industriales.
c) Promover la optimización y el intercambio de buenas prácticas en protección radiológica.
d) Gestionar la distribución de material radiactivo a hospitales.

10. Según el principio de Bergonié-Tribondeau, ¿qué tipo de células son más radiosensibles?

a) Las que tienen una función altamente especializada.
b) Las que presentan una baja tasa mitótica.

c) Las indiferenciadas y con alta capacidad de división celular.
d) Las que pertenecen a tejidos musculares.

11. ¿Cuál de los siguientes tejidos tiene mayor radiorresistencia por su capacidad de regeneración flexible?

a) Tejido óseo.
b) Células madre hematopoyéticas.
c) Tejido muscular esquelético.
d) Tejido hepático.

12. ¿Cuál de los siguientes factores químicos actúa como radioprotector frente a la radiación ionizante?

a) Oxígeno.
b) Vitamina E.
c) Dietiltoluamida.
d) Nitratos alimentarios.

13. ¿Qué afirmación sobre los efectos de la radiación en el embrión es correcta?

a) Son resistentes debido a su pequeño tamaño.
b) Son muy sensibles por su alta maduración celular.
c) Son muy sensibles por su alta tasa mitótica e inmadurez celular.
d) No presentan radiosensibilidad en las primeras semanas.

14. ¿Qué tipo de radiación tiene un mayor factor de calidad (QF) y, por tanto, mayor capacidad de producir daño biológico?

a) Radiación electromagnética.
b) Rayos X.
c) Radiación particulada.
d) Ultrasonidos.

15. ¿Cuál de los siguientes ejemplos corresponde a un efecto estocástico de la radiación ionizante?

a) Desarrollo de un tumor por exposiciones repetidas a baja dosis.
b) Síndrome hematopoyético tras una exposición masiva.
c) Radiodermitis en zona irradiada.
d) Necrosis por radiación localizada.

16. ¿Qué tipo de lesión se asocia a una dosis homogénea y masiva de radiación ionizante?

a) Quemadura localizada.
b) Radiodermitis.

c) Cataratas por irradiación repetida.

d) Síndrome hematopoyético.

17. ¿Qué estudia la Radiogenética como rama de la Radiobiología?

a) Los efectos de la radiación sobre la musculatura esquelética.

b) La producción de energía por medios ionizantes.

c) Las alteraciones genéticas inducidas por radiación en gametos y su descendencia.

d) Los efectos térmicos de la radiación sobre la piel.

En MADTEST tienes **más preguntas de este tema,**

comentadas y argumentadas, y todos tus avances quedan registrados y se reflejan en el ranking.

¡Supera tus límites con MADTEST!

A continuación te presentamos algunos ejemplos de preguntas comentadas:

18. ¿Qué característica diferencia a los efectos estocásticos de los deterministas en radiobiología?

a) Los estocásticos tienen dosis umbral definida

b) La probabilidad de que ocurran aumenta con la dosis, pero su gravedad no depende de ella.

c) Los estocásticos siempre producen lesiones cutáneas visibles

d) Los deterministas carecen de relación dosis-efecto.

Respuesta correcta: b) La probabilidad de que ocurran aumenta con la dosis, pero su gravedad no depende de ella.

En los efectos estocásticos (p. ej., carcinogénesis) no existe dosis umbral y la severidad de la lesión es independiente de la dosis recibida; solo la probabilidad crece al aumentar la exposición.

19. ¿Cuál de los siguientes ejemplos corresponde a un efecto determinista de la radiación ionizante

a) Cataratas radioinducidas.

b) Mutaciones hereditarias

c) Tumor sólido tras baja exposición repetida

d) Leucemia como efecto tardío.

Respuesta correcta: a) Cataratas radioinducidas.

Los efectos deterministas presentan umbral y su gravedad depende directamente de la dosis; las cataratas inducidas por radiación son un ejemplo clásico, con dosis umbral bien definida.

20. Desde el punto de vista bioquímico, ¿en cuál de las siguientes moléculas se originan principalmente los efectos indirectos de la radiación ionizante

a) ADN
b) Proteínas
c) Lípidos
d) Agua.

Respuesta correcta: d) Agua.

La radiólisis del agua genera radicales libres altamente reactivos que dañan otras biomoléculas; por ello, el agua es la diana principal de los efectos indirectos de la radiación ionizante.

Solución al test n.º 7

1. c) Efecto fotoeléctrico.

2. d) Producción de pares.

3. b) Fase química.

4. c) Período de latencia.

5. a) Inespecificidad.

6. b) Optimización.

7. c) Hacer una radiografía de tórax ante sospecha de neumonía.

8. c) Disminuir el tiempo de exposición y aumentar la distancia a la fuente.

9. c) Promover la optimización y el intercambio de buenas prácticas en protección radiológica.

10. c) Las indiferenciadas y con alta capacidad de división celular.

11. d) Tejido hepático.

12. b) Vitamina E.

13. c) Son muy sensibles por su alta tasa mitótica e inmadurez celular.

14. c) Radiación particulada.

15. a) Desarrollo de un tumor por exposiciones repetidas a baja dosis.

16. d) Síndrome hematopoyético.

17. c) Las alteraciones genéticas inducidas por radiación en gametos y su descendencia.

18. b) La probabilidad de que ocurran aumenta con la dosis, pero su gravedad no depende de ella.

19. a) Cataratas radioinducidas.

20. d) Agua.

TEST N.º 8

Protección radiológica: protección radiológica operacional. Reglamento de la protección sanitaria frente a las radiaciones ionizantes

1. ¿Dónde no se suele ubicar un Servicio de Radiología Básico?

a) En centros de salud.
b) En pequeños hospitales públicos.
c) En clínicas pequeñas.
d) En grandes hospitales públicos.

2. ¿En qué Servicio de Radiodiagnóstico existe generalmente el área de Radiología intervencionista? En el Servicio de Radiología:

a) Primordial.
b) Básico.
c) General.
d) Especializada.

3. ¿A qué se denomina año oficial según la normativa?

a) Es el periodo de tiempo de 365 días consecutivos.
b) Es cualquier espacio de tiempo de 12 meses consecutivos.
c) Es el periodo de tiempo de doce meses a contar desde el 1 de enero hasta el 31 de diciembre, ambos días inclusive.
d) Todo es cierto.

4. ¿Qué término técnico debe emplearse para la actividad que produce un radio-núclido en el interior del organismo, que procede de una fuente exterior?

a) Ingestión.
b) Penetración.
c) Incorporación.
d) Irradiación.

5. Contaminación por efecto a la radiación ionizante es lo mismo que:

a) Exposición interna.
b) Exposición externa.
c) Irradiación.
d) Son ciertas las respuestas a) y c).

6. ¿Quién debe clasificar, tras hacer una evaluación previa, los lugares de trabajo, en función del riesgo de exposición y teniendo en cuenta la probabilidad y magnitud de las exposiciones potenciales?

a) El Jefe de Servicio de Medicina Nuclear y Jefe de Servicio de Radiología.
b) El Jefe de Servicio de Radioterapia.
c) El titular de la práctica.
d) Lo harán a) y b).

7. ¿Qué zona es aquella zona en la que, no siendo zona controlada, exista la posibilidad de recibir dosis efectivas superiores a 1 mSv por año oficial? La zona…

a) Libre.
b) Vigilada.
c) De permanencia limitada.
d) De permanencia reglamentada.

8. Las zonas no controladas son las zonas:

a) De permanencia limitada.
b) Prohibidas de paso.
c) De permanencia reglamentada.
d) Vigiladas.

9. ¿Qué afirmación es correcta respecto a la señalización de zonas de riesgo por efecto de las radiaciones ionizantes?

a) Ante un riesgo de irradiación el fondo presentará un punteado.
b) Ante un riesgo de irradiación el fondo será grisáceo y no blanco.
c) Ante un riesgo de irradiación el trébol no presentará puntas radiales.
d) Ante un riesgo de irradiación el trébol presentará puntas radiales.

10. ¿Cuál es el símbolo de señalización de las zonas de trabajo con riesgo de exposición a nivel internacional? Es:

a) Un trébol, con un fondo enmarcado en una orla hexagonal, del mismo color del símbolo y de la misma anchura que el diámetro de la circunferencia interior de dicho símbolo.
b) Un trébol, con un fondo enmarcado en una orla rectangular, del mismo color del símbolo y de la misma anchura que el diámetro de la circunferencia interior de dicho símbolo.

c) Un imán, con un fondo enmarcado en una orla rectangular de color blanco, del mismo color del símbolo y de la misma anchura que el diámetro de la circunferencia interior de dicho símbolo.

d) Un imán, con un fondo enmarcado en una orla rectangular de color amarillo, del mismo color del símbolo y de la misma anchura que el diámetro de la circunferencia interior de dicho símbolo.

11. ¿Qué afirmación no es cierta como norma básica de trabajo en el servicio de radiodiagnóstico como protección del paciente?

a) No debe haber ningún paciente en la sala, cuando se explora a otro.
b) Fijar el chasis radiográfico, especialmente en aparatos de Rayos X transportables.
c) Una vez colocado y centrado el paciente, el técnico debe diafragmar el haz adecuadamente.
d) La zona de vestuario de los pacientes no debe estar blindada por la parte adyacente.

12. ¿Cómo deben ser las instrucciones a dar al paciente? Deben de ser:

a) Completas, sencillas y prolijas.
b) Sencillas, escuetas e incompletas.
c) Completas, sencillas y escuetas.
d) Sencillas, recargadas e incompletas.

13. ¿Con que símbolo debe estar indicado el acceso directo a la sala de radiodiagnóstico?

a) Debe estar indicado con el símbolo de zona controlada.
b) Debe estar indicado con el símbolo de zona vigilada.
c) Debe estar indicado con el símbolo de zona reglamentada.
d) Debe estar indicado con el símbolo de zona de acceso prohibido.

14. ¿Dónde debe permaneces el trabajador expuesto durante el disparo radiográfico?

a) En la sala de exploración.
b) Vestuarios adyacentes del usuario.
c) En la zona protegida, donde exista un blindaje estructural (sala de control).
d) En la recepción del servicio.

15. ¿Qué elemento es el que esencialmente limita el campo de irradiación primaria a la zona de interés?

a) Filtro añadido.
b) Haz luminoso de exploración.
c) El colimador o diafragma.
d) El autotransformador del aparato de rayos X.

16. ¿En qué normativa se obliga a establecer, con carácter general, las condiciones y requisitos técnicos mínimos para la aprobación y homologación de las instalaciones y equipos, relevantes para la salud y asistencia sanitaria?

a) Real Decreto 1841/1997, de 5 de diciembre.
b) Real Decreto 1566/1998, di 15 de abril.
c) Ley 14/1986, de 25 de abril, General de Sanidad.
d) Real Decreto 1976/1999, de 23 de diciembre.

17. ¿Qué norma establece las normas de seguridad básicas para la protección contra los peligros derivados de la exposición a radiaciones ionizantes, y deroga la Directiva 97/43/Euratom?

a) Directiva 2013/59/Euratom del Consejo, de 5 de diciembre.
b) Directiva 84/466/Euratom del Consejo, de 3 de septiembre.
c) Real Decreto 581/2002, de 14 de junio.
d) Directiva 96/29/Euratom del Consejo, de 13 de mayo.

En MADTEST tienes **más preguntas de este tema,**

comentadas y argumentadas, y todos tus avances quedan registrados y se reflejan en el ranking.

¡Supera tus límites con MADTEST!

A continuación te presentamos algunos ejemplos de preguntas comentadas:

18. ¿Qué nuevo Real Decreto incorporan al ordenamiento jurídico español el capítulo VII, el artículo 83 y los artículos 1, 2, 4, 5, 6, 14, 18, 19, 77, 78 y 96 en lo relativo a exposiciones médicas, de la Directiva 2013/59/Euratom del Consejo, que deroga la anterior Directiva 97/43/Euratom del Consejo, y con ello deroga el Real Decreto 1132/1990?

a) Real Decreto 1841/2014.
b) Real Decreto 1566/2015.
c) Real Decreto 601/2019.
d) Ninguno de los anteriores.

Respuesta correcta: c) Real Decreto 601/2019.

El nuevo Real Decreto que incorpora al ordenamiento jurídico español el capítulo VII, el artículo 83 y los artículos 1, 2, 4, 5, 6, 14, 18, 19, 77, 78 y 96 en lo relativo a exposiciones médicas, de la Directiva 2013/59/Euratom del Consejo, que deroga la anterior Directiva 97/43/Euratom del Consejo, y con ello deroga casi en su totalidad el Real

Decreto 1132/1990, es el Real Decreto 601/2019, de 18 de octubre, sobre justificación y optimización del uso de las radiaciones ionizantes para la protección radiológica de las personas con ocasión de exposiciones médicas. Dicha normativa se recoge en el BOE Núm. 262, de 31/10/2019.

19. ¿Qué norma española vigente de las que se nombran, trata sobre la justificación y optimización del uso de las radiaciones ionizantes para la protección radiológica de las personas con ocasión de exposiciones médicas?

a) Real Decreto 220/1997.
b) Real Decreto 1132/1990.
c) Ley 14/1986.
d) Real Decreto 601/2019.

Respuesta correcta: d) Real Decreto 601/2019.

Dicha norma es el Real Decreto 601/2019, de 18 de octubre, sobre justificación y optimización del uso de las radiaciones ionizantes para la protección radiológica de las personas con ocasión de exposiciones médicas. Dicha normativa se recoge en el BOE Núm. 262, de 31/10/2019, páginas 120840 a 120856 (17 págs.).

20. ¿Qué establece la Directiva 2013/59/Euratom del Consejo?

a) Reglamentos y consejos técnicos en la adopción de medidas frente a incidentes o/y accidentes radiactivos en centros médicos.
b) Normas de seguridad básicas para la protección contra los peligros derivados de la exposición a radiaciones ionizantes.
c) Recomendaciones sobre los límites máximos y mínimos de las tasas de dosis que se aplican en gabinetes radiológicos y de medicina nuclear, y en centros sanitarios públicos y privados.
d) Nada de lo anterior.

Respuesta correcta: b) Normas de seguridad básicas para la protección contra los peligros derivados de la exposición a radiaciones ionizantes.

La Directiva 2013/59/Euratom del Consejo, se publicó en diciembre de 2013. Y obliga a los estados miembros a actualizar su legislación estableciendo las normas de seguridad básicas para proteger a la población de los riesgos de exposición a radiaciones ionizantes.

Solución al test n.º 8

1. d) En grandes hospitales públicos.

2. d) Especializada.

3. c) Es el periodo de tiempo de doce meses a contar desde el 1 de enero hasta el 31 de diciembre, ambos días inclusive.

4. c) Incorporación.

5. a) Exposición interna.

6. c) El titular de la práctica.

7. b) Vigilada.

8. d) Vigiladas.

9. d) Ante un riesgo de irradiación el trébol presentará puntas radiales.

10. b) Un trébol, con un fondo enmarcado en una orla rectangular, del mismo color del símbolo y de la misma anchura que el diámetro de la circunferencia interior de dicho símbolo.

11. d) La zona de vestuario de los pacientes no debe estar blindada por la parte adyacente.

12. c) Completas, sencillas y escuetas.

13. a) Debe estar indicado con el símbolo de zona controlada.

14. c) En la zona protegida, donde exista un blindaje estructural (sala de control).

15. c) El colimador o diafragma.

16. c) Ley 14/1986, de 25 de abril, General de Sanidad.

17. a) Directiva 2013/59/Euratom del Consejo, de 5 de diciembre.

18. c) Real Decreto 601/2019.

19. d) Real Decreto 601/2019.

20. b) Normas de seguridad básicas para la protección contra los peligros derivados de la exposición a radiaciones ionizantes.

TEST N.º 9

Equipamientos de diagnóstico por imagen: radiología convencional intervencionista, tomografía computerizada, resonancia magnética y ultrasonografía. Principios de tomografía computerizada y resonancia magnética: fundamentos físicos, aplicaciones e indicaciones. Estudios y técnicas de exploración con TC y RMN. Ultrasonografía. Bases y fundamentos físicos. Ultrasonografía en 2, 3 y 4 dimensiones. Ventajas. Inconvenientes

1. ¿Cuándo se producen los rayos X?

a) Cuando interacciona con el enfermo.
b) Cuando interacciona un electrón acelerado con el ánodo del tubo.
c) Cuando interacciona con el receptor de imagen.
d) Cuando interacciona con el intensificador.

2. ¿Qué porcentaje de la energía cinética de choque de los electrones con el ánodo del tubo se convierte en energía térmica?

a) 98-99 %.
b) 55 %.
c) 25 %.
d) 1-2 %.

3. ¿Qué hay que hacer para seleccionar una determinada técnica en radiología convencional?

a) Aplicar una corriente de alto voltaje (kV) entre ambos polos y posteriormente otra de bajo voltaje o tensión.
b) Aplicar una intensidad en el filamento catódico y otra en el filamento anódico.
c) Aplicar una intensidad en el filamento catódico y un alto voltaje entre ánodo y cátodo.
d) Aplicar una intensidad en el filamento catódico, un alto voltaje entre ánodo y cátodo y llevar a cabo un tiempo de exposición apropiado.

4. ¿Qué superficie cómo mínimo debe tener sala de intervención de la Unidad de Radiología intervencionista para que sea operativa?

a) 25 m².
b) 40 m².
c) 55 m².
d) 100 m².

5. ¿Qué punto focal tienen los tubos que se utilizan en angiografía intervencionista?

a) 0,01 mm.
b) 0,30 mm.
c) 0,65 mm.
d) 1,30 mm.

6. ¿Qué tipo de generadores de alta tensión presentan los equipos de radiología intervencionista?

a) Trifásicos y de alta potencia de aproximadamente 100 kW.
b) Bifásicos y de potencia media de aproximadamente 50 kW.
c) Monofásicos y de baja potencia de aproximadamente 25 kW.
d) Trifásicos y de baja potencia de aproximadamente 25 kW.

7. ¿Para qué región anatómica se fabricaron los primeros equipos de TC? Se fabricaron los primeros equipos de TC para explorar:

a) Tórax.
b) Abdomen.
c) Cráneo.
d) Extremidades.

8. ¿Qué equipo de TC es el último que se introduce para la práctica clínica?

a) TC de traslación-rotación con un solo detector, pero enorme.
b) Tomografía lineal.
c) TC helicoidal.
d) TC multidetector.

9. ¿Qué inconvenientes presentaba el TC de primera generación respecto a los actuales equipos?

a) Estudios larguísimos en el tiempo.
b) Sus indicaciones se limitaban al TC de encéfalo.
c) Peor calidad de la imagen diagnóstica.
d) Son ciertos todos los anteriores.

10. ¿Qué afirmación no es cierta en la preparación del paciente y su relación con el técnico en los estudios de TC?

a) Nuestra relación con el paciente la debemos llevar a cabo con suma prudencia.

b) En la tomografía computarizada cardíaca (cardioTC), se preparará e informará bien al paciente para que mantenga la apnea cuando se le diga.

c) No debemos mostrarnos amable, sino serio y profesionales, y si está nervioso es su problema, ya que el nuestro es realizar la técnica lo más eficientemente posible.

d) El Técnico, desde que el paciente entra en la Unidad de TC, debe estar en contacto directo con él.

11. Indica en este TC de tórax (ventana mediastínica), qué estructura anatómica expresa la letra X, siendo este corte axial alto a nivel de esternón (manubrio):

a) Esófago.
b) Tráquea.
c) Aorta.
d) Hioides.

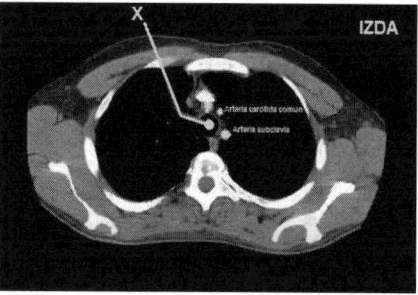

Imagen pregunta 11

12. ¿A qué tipo de estudios de TC nos referimos con el TC de Tórax oncológico? Cuando el estudio abarca un TC de:

a) Tórax simplemente.
b) Tórax superior (mediastino superior).
c) Tórax inferior (mediastino inferior).
d) Tórax y abdomen superior.

13. ¿Qué afirmación es incorrecta respecto a la resonancia magnética nuclear (RMN)?

a) Es un examen no invasivo.

b) Los núcleos fundamentalmente de hidrógeno son los que nos van a aportar la información y la señal en los tejidos del cuerpo.

c) Se trata de un estudio de medicina nuclear.

d) Nos sirve de herramienta para llegar a diagnosticar una patología.

14. ¿Qué características de estas deben reunir los núcleos atómicos susceptibles del fenómeno de RM?

a) Que posean un número par de protones/neutrones.
b) Que no tengan electrones.

c) Que posean un número impar de protones/neutrones.
d) No ser susceptibles a la fuerza de un campo magnético.

15. ¿Qué autor de los que se nombran demostró que la resonancia magnética, podía ser usada para detectar enfermedades, porque distintos tipos de tejidos emiten señales que varían en su duración en respuesta a un campo magnético, creando la patente del primer equipo de RM?

a) W. Pauli (1928).
b) Felix Bloch (1940).
c) Walther Gerlach (1978).
d) Raymon V. Damadian (1971).

16. ¿Qué afirmación respecto a la angioRM no es cierta?

a) No requiere preparación previa a menos que se emplee con contraste intravenoso.
b) Es un estudio no invasivo.
c) Si se emplea en el examen contraste intravenoso el paciente debería permanecer seis horas en ayunas.
d) La apariencia del flujo sanguíneo en el interior de los vasos en la angioRM es fácil de predecir, ya que es muy poco variable.

17. ¿Qué secuencia se aplica generalmente para la sangre blanca?

a) Secuencia eco de gradiente potenciada en T1.
b) Secuencia STIR.
c) Secuencia spin-eco.
d) Secuencia inversión-recuperación.

En MADTEST tienes **más preguntas de este tema,**

comentadas y argumentadas, y todos tus avances quedan registrados y se reflejan en el ranking.

¡Supera tus límites con MADTEST!

A continuación te presentamos algunos ejemplos de preguntas comentadas:

18. ¿Qué tipo de ondas sonoras utiliza la ecografía diagnóstica y terapéutica?

a) Infrasonidos de menos de 16 Hz de frecuencia.
b) Sonidos de 16 Hz a 16.000 Hz.
c) Ultrasonidos de 1 a 15 MHz.
d) Ultrasonidos de 15 MHz a 30 MHz.

Respuesta correcta: c) Ultrasonidos de 1 a 15 MHz.

En la naturaleza existen animales capaces de percibir ultrasonidos, incluso transmitirlos, como por ejemplo los murciélagos y algunos insectos, pero ninguno en los rangos que se aplican en la ultrasonografía diagnóstica, o en la terapéutica con ultrasonidos, que es del rango de 1 a 15 MHz.

19. ¿Qué parámetro en ecografía indica las oscilaciones sonoras en la unidad de tiempo o ciclos en un segundo?

a) Amplitud sonora.
b) Longitud de onda.
c) Potencia sonora.
d) Frecuencia.

Respuesta correcta: d) Frecuencia.

La frecuencia en ecografía es el número de oscilaciones o crestas de la onda que pasan por un observador estacionario en la unidad de tiempo (generalmente expresadas en oscilaciones o ciclos partido segundo).

20. ¿Cómo se denomina la interferencia de las ondas (A y B) que aparecen en la imagen, dando una onda diferente?

a) Interferencia productiva.
b) Interferencia enemiga.
c) Interferencia destructiva.
d) Interferencia constructiva.

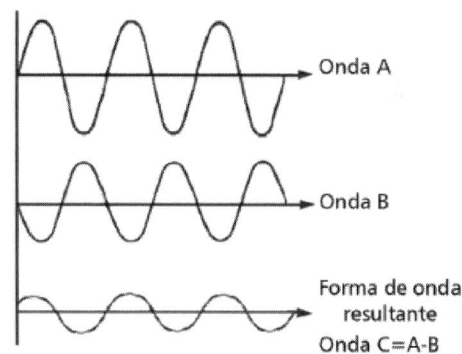

Imagen pregunta 20

Respuesta correcta: c) Interferencia destructiva.

La interferencia de las ondas A y B que aparecen en la imagen, dando una onda diferente, la C, se denomina destructiva, que se origina cuando se transmiten múltiples ondas con la misma frecuencia pero desfasadas; siendo la onda resultante (C) la resta de ambas, con igual frecuencia pero con la diferencia de amplitudes.

Solución al test n.º 9

1. b) Cuando interacciona un electrón acelerado con el ánodo del tubo.

2. a) 98-99 %.

3. d) Aplicar una intensidad en el filamento catódico, un alto voltaje entre ánodo y cátodo y llevar a cabo un tiempo de exposición apropiado.

4. c) 55 m^2.

5. b) 0,3 mm.

6. a) Trifásicos y de alta potencia de aproximadamente 100 kW.

7. c) Cráneo.

8. d) TC multidetector.

9. d) Son ciertos todos los anteriores.

10. c) No debemos mostrarnos amable, sino serio y profesionales, y si está nervioso es su problema, ya que el nuestro es realizar la técnica lo más eficientemente posible.

11. b) Tráquea.

12. d) Tórax y abdomen superior.

13. c) Se trata de un estudio de medicina nuclear.

14. c) Que posean un número impar de protones/neutrones.

15. d) Raymon V. Damadian (1971).

16. d) La apariencia del flujo sanguíneo en el interior de los vasos en la angioRM es fácil de predecir, ya que es muy poco variable.

17. a) Secuencia eco de gradiente potenciada en T1.

18. c) Ultrasonidos de 1 a 15 MHz.

19. d) Frecuencia.

20. c) Interferencia destructiva.

Otras exploraciones radiológicas: Ortopantomografía, dacriocistografía, sialografía, fistulografía, densitometría, linfografía, flebografía, angioTAC, angioRM

1. ¿De qué numeración es el catéter radiopaco Venocath empleado como material necesario en dacriocistografía?

a) 28.
b) 24.
c) 22.
d) 18.

2. ¿Qué modalidad de equipo radiológico se requiere para efectuar una dacriocistografía?

a) Dacriocistógrafo.
b) Mamógrafo modificado.
c) Mesa telemandada con exposimetría automática e intensificador de imagen.
d) Fluoroscopia sin intensificador de imagen.

3. La dacriocistografía es una técnica en la que se utiliza un medio de contraste:

a) Yodado de base oleosa.
b) No se utiliza contraste.
c) Se realiza con suero.
d) Yodado de base acuosa, no irritante, hidrosoluble (mezcla fácilmente con la lágrima).

4. ¿Qué afirmación es incorrecta sobre el procedimiento a llevar a cabo en una dacriocistografía?

a) El ojo de la glándula lagrimal afecta se anestesia con un anestésico oftálmico para la conjuntiva y para evitar burbujas de aire se realiza el vaciado del saco lagrimal mediante una presión del mismo contra el hueso nasal.
b) A veces se requiere hacer un lavado con suero fisiológico salino, que ayuda a eliminar los restos de pus, moco… para después proceder a la dilatación del orificio e introducir el catéter hasta la pared nasal.

c) El paciente se posiciona en bipedestación y apoya la cabeza sobre una almohada.

d) En el caso de una obstrucción el contraste refluye a través del punto no canalizado y si hay permeabilidad del conducto este fluye hasta la faringe.

5. ¿Por qué se irrigan los canalículos con suero salino en la dacriocistografía?

a) Porque es una forma de anestesia.
b) No hay por qué irrigar nada.
c) Para comprobar el grado de permeabilidad y eliminar pus o moco.
d) Por seguir un protocolo.

6. ¿Cuáles serán las proyecciones más utilizadas en dacriocistografía?

a) PA, lateral y oblicua.
b) Waters.
c) AP y tangencial.
d) Axial.

7. ¿Dónde es menos frecuente la obstrucción de la vía lagrimal?

a) En el propio saco lagrimal.
b) En el propio conducto nasolagrimal.
c) En la unión del saco lagrimal y el conducto nasolagrimal.
d) En la canícula común.

8. ¿Qué técnica radiográfica permite visualizar las glándulas salivares y sus conductos?

a) Dacriocistografía.
b) Sialografía.
c) Fistulografía.
d) Ninguna es cierta.

9. ¿A qué glándulas salivales se le puede aplicar la sialografía?

a) Glándulas parótidas y sublinguales.
b) Glándulas submandibulares y parótidas.
c) Glándulas sublinguales y submandibulares.
d) Solo a glándulas sunlinguales.

10. ¿Qué modalidad de equipo radiológico se requiere para efectuar una sialografía?

a) Sonógrafo con posibilidad 3D/4D.
b) Mamógrafo modificado.
c) Mesa telemandada con exposimetría automática e intensificador de imagen.
d) Fluoroscopia sin intensificador de imagen.

11. ¿Qué modalidad de medios de contrastes se emplean en la actualidad en sialografía por su mayor inocuidad que los antiguos?

a) Compuestos yodados hidrosolubles.
b) Compuestos yodados liposolubles.
c) Sulfato de bario.
d) Aire.

12. ¿Dónde se inyecta el contraste para hacer sialografía?

a) En vena.
b) En arteria.
c) En el interior de la glándula, mediante un catéter.
d) En conducto de Stenon o de Wharton (intraoralmente).

13. ¿Qué objetivo tiene que el paciente chupe un limón fresco unos minutos antes de la exploración en sialografía?

a) Al paciente no se le ofrece limón fresco.
b) Estimular la secreción salival para facilitar la identificación del conducto de drenaje principal de la glándula.
c) Estimular la secreción salival para favorecer la limpieza de la boca.
d) Ninguna de las respuestas anteriores es correcta.

14. ¿Cuál es el tumor más frecuente de las glándulas salivales, generalmente benigno?

a) Papiloma benigno de células escamosas.
b) Adenoma glandular.
c) Tumor de Warthin.
d) Carcinoma mucoepidermoide.

15. ¿Cuál es el motivo de realizar una fistulografía?

a) Visualizar las vías biliares.
b) Visualizar el origen y extensión de las fístulas y los trayectos fistulosos.
c) Visualizar los conductos salivares.
d) Visualizar el Wirsung.

16. ¿Por qué pruebas de imagen médica se estudian generalmente las fístulas empleando contraste?

a) Generalmente se estudian mediante densitometría y fistulografía.
b) Generalmente se estudian mediante RM y fistulografía.
c) Generalmente se estudian mediante TC o/y fistulografía.
d) Generalmente se estudian mediante ecografía, RM, fistulografía y TC.

17. Los aparatos DEXA (de densitometría ósea) centrales miden la densidad de los huesos de:

a) La cadera.
b) La cadera y de la columna vertebral.
c) La cadera y de la muñeca.
d) La muñeca, del talón o de un dedo.

En MADTEST tienes **más preguntas de este tema,**

comentadas y argumentadas, y todos tus avances quedan registrados y se reflejan en el ranking.

¡Supera tus límites con MADTEST!

A continuación te presentamos algunos ejemplos de preguntas comentadas:

18. ¿En qué estudios no es válido claramente un panorex?

a) Anatomía (normal o anormal) de la ATM.
b) Patología mandibular.
c) Patología de dientes del maxilar.
d) Traumatismo con pérdidas dentarias, para su restitución.

Respuesta correcta: a) Anatomía (normal o anormal) de la AT.

Una ortopantomografía o panorex (o zonografía) no es válido claramente para un examen anatómico de la ATM (articulación temporo-mandibular) normal o con patología, debido a que en el panorex se presenta siempre una gran distorsión de dicha articulación, y se superponen muchas estructuras. Para el estudio radiológico de la ATM se emplea más frecuentemente la RM.

19. ¿Cuál de las letras señaladas se corresponde con la "muela de juicio" en la imagen de panorex, de la hemiarcada mandibular derecha?

a) Letra a.
b) Letra d.
c) Letra b.
d) No posee muela de juicio en esa zona.

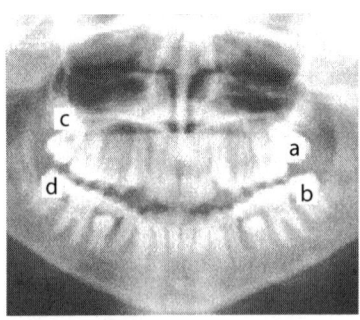

Imagen pregunta 19

Respuesta correcta: d) No posee muela de juicio en esa zona.

En las letras señaladas (a, d y b) de sus respectivas piezas, no es ninguna un molar 3.º o "muela de juicio", y concretamente en hemiarcada mandibular derecha (letra d), el molar es el número 2; pieza 47 (4.º de la hemiarcada inferior derecha y 7 del molar 2.º) .

20. ¿Sobre qué plano del sujeto incide perpendicularmente el haz de rayo central en la TeleRx lateral?

a) Sobre el plano coronal medio.
b) Sobre el plano sagital medio.
c) Sobre el plano frontal medio.
d) Sobre el plano transversal medio.

Respuesta correcta: b) Sobre el plano sagital medio.

Existen dos tipos de telerradiografías, la telerradiografía de perfil o lateral y la frontal. En la telerradiografía de perfil, el haz de rayos incide perpendicularmente al plano medio sagital de la cabeza del paciente.

Solución al test n.º 10

1. d) 18.

2. c) Mesa telemandada con exposimetría automática e intensificador de imagen.

3. d) Yodado de base acuosa, no irritante, hidrosoluble (mezcla fácilmente con la lágrima).

4. c) El paciente se posiciona en bipedestación y apoya la cabeza sobre una almohada.

5. c) Para comprobar el grado de permeabilidad y eliminar pus o moco.

6. a) PA, lateral y oblicua.

7. d) En la canícula común.

8. b) Sialografía.

9. b) Glándulas submandibulares y parótidas.

10. c) Mesa telemandada con exposimetría automática e intensificador de imagen.

11. a) Compuestos yodados hidrosolubles.

12. d) En conducto de Stenon o de Wharton (intraoralmente).

13. b) Estimular la secreción salival para facilitar la identificación del conducto de drenaje principal de la glándula.

14. c) Tumor de Warthin.

15. b) Visualizar el origen y extensión de las fístulas y los trayectos fistulosos.

16. c) Generalmente se estudian mediante TC o/y fistulografía.

17. b) La cadera y de la columna vertebral.

18. a) Anatomía (normal o anormal) de la ATM.

19. d) No posee muela de juicio en esa zona.

20. b) Sobre el plano sagital medio.

TEST N.º 11

Equipos de medicina nuclear: gammacámara y tomografía de emisión de positrones (PET)

1. ¿Cómo se llama el conjunto de placas metálicas entre las que se establece una diferencia de potencial, de tal manera que al incidir un e- en ella, desprende muchos más e-, y de ahí el efecto multiplicador del tubo fotomultiplicador?

a) Amplificador.
b) Convertidor analógico-digital.
c) Dínodo.
d) Cono de luz.

2. ¿Qué proceso debe seguir la señal que sale del tubo fotomultiplicador, o señal colectada por el fotoánodo?

a) Debe ser limitada y filtrada.
b) Debe ser estrechada y filtrada.
c) Debe ser amplificada y filtrada.
d) Debe ser amplificada e infiltrada.

3. ¿Qué elemento de la gammacámara es el aparato que sirve para cuantificar la señal, es decir, mide la intensidad o número de fotones de la radiación?

a) Sonda.
b) Contador de impulsos.
c) Activímetro.
d) Sistema electrónico.

4. ¿Qué afirmación es correcta en las aplicaciones cardiológicas de la gammacámara?

a) La ventriculografía de equilibrio diagnostica infarto de miocardio.
b) La gammagrafía con pirofosfatos diagnostica el infarto crónico de miocardio.
c) Existe una gammagrafía que estudia los cortocircuitos cardiacos.
d) Las respuestas a) y b) son correctas.

5. ¿Qué afirmación es correcta en las aplicaciones nefrourológicas de la gammacámara?

a) El renograma diurético permite diagnosticar la hipertensión de origen renal.

b) La gammagrafía renal permite valorar el funcionalismo renal.

c) La cistogammagrafía directa e indirecta permiten diagnosticar las dos, el reflujo vesico-ureteral.

d) El renograma permite diagnosticar la uropatía obstructiva.

6. ¿Cuál es la vía de eliminación más frecuente de un radiofármaco?

a) Vía renal.

b) Vía respiratoria.

c) Vía digestiva.

d) Vía cutánea.

7. ¿De qué elemento químico radiactivo son más frecuentes los radiofármacos empleados en estudios diagnósticos in vivo de la medicina nuclear convencional?

a) De I^{131}.

b) De In^{111}.

c) De Tc^{99m}.

d) De Tl^{201}.

8. ¿Qué característica es falsa en relación con los radionúclidos que marcan a los radiofármacos empleados en PET?

a) Son de una semivida ultracorta.

b) Son emisores gamma.

c) Producen por aniquilación fotones gamma con energías que son mayores o iguales a 511 Kev.

d) No dan reacciones adversas.

9. ¿Qué es cierto en relación con los radiofármacos empleados en RIA?

a) No poseen riesgos de exposición externa.

b) No poseen riesgos de exposición interna.

c) Los marcan radionúclidos con una vida media corta o muy corta.

d) Todo lo anterior es cierto.

10. ¿Cuál es el mecanismo de acción del pertecnestato sódico (Tc^{99m}) en la gammagrafía de tiroides?

a) Analogía estructural con sodio.

b) Localización compartimental.

c) Transporte activo.
d) Analogía estructural con yoduros.

11. ¿Con qué término en infinitivo relacionas el término colimador?

a) Agujerear.
b) Picotear.
c) Chisporretear.
d) Alinear.

12. ¿Cuál es el dispositivo de la gammacámara que deja pasar a los fotones que inciden perpendicularmente sobre el eje de sus orificios?

a) Cristal de centelleo.
b) Anillo detector.
c) Colimador.
d) Amplificador.

13. ¿Qué es falso de los colimadores?

a) Son de plomo.
b) Tienen perforaciones establecidas espacialmente.
c) Están por delante del cristal.
d) Funcionan dejando pasar la radiación dispersa.

14. ¿Qué colimador es el más utilizado en la práctica de la medicina nuclear convencional?

a) De agujeros paralelos.
b) De agujeros convergentes.
c) De agujeros divergentes.
d) De tipo Pin-Hole.

15. ¿Qué elemento de la gammacámara es el encargado de captar la radiación gamma y convertirla en radiación visible?

a) Colimador.
b) Cristal de centelleo.
c) Tubo fotomultiplicador.
d) Amplificador.

16. ¿Qué carbono de la molécula de glucosa es el que se emplea para su marcaje con F^{18}, para obtener la FDG-F^{18}?

a) Se marca el carbono 1.
b) Se marca el carbono 2.

c) Se marca el carbono 3.

d) Se marca el carbono 5.

17. ¿Cuál consideras de estas fórmulas la más correcta de la FDG?

a) Fluordesoxiglucosa.

b) $1-F^{16}$-desoxi-glucosa.

c) $2-F^{18}$-desoxi-glucosa.

d) $2-F^{18}-2$-desoxi-glucosa.

En MADTEST tienes **más preguntas de este tema,**

comentadas y argumentadas, y todos tus avances quedan registrados y se reflejan en el ranking.

¡Supera tus límites con MADTEST!

A continuación te presentamos algunos ejemplos de preguntas comentadas:

18. ¿Qué radionúclido es el causante de que en los hospitales haya PET sin necesidad de poseer un ciclotrón?

a) N^{13}.

b) Tc^{99m}.

c) F^{18}.

d) Fl^{18}.

Respuesta correcta: c) F18.

El F18 se obtiene por un aparato denominado ciclotrón, y posee la ventaja frente a otros radionúclidos de tener una vida media relativamente buena para poder ser manejado y trasladado desde el lugar de su generación al lugar de su aplicación en la PET, sin necesidad de tener el ciclotrón en el hospital.

19. ¿Qué medio técnico nos proporciona radionúclidos emisores de positrones para la PET?

a) Nos proporciona radionúclidos para el PET el acelerador lineal.

b) Nos proporciona radionúclidos para el PET el reactor nuclear o pila atómica.

c) Nos proporciona radionúclidos para el PET el ciclotrón.

d) Nos proporciona radionúclidos para el PET el generador nuclear.

Respuesta correcta: c) Nos proporciona radionúclidos para el PET el ciclotrón.

Se utilizan los isótopos radiactivos emisores de positrones (pobres en neutrones) pero con una vida media ultracorta, que se producen en el ciclotrón, como el F18, pero hay otros que también se producen pero tienen una vida media excesivamente ultracorta, por lo que dicho equipo debe estar situado muy cerca del tomógrafo PET, es decir, en el mismo servicio de Medicina Nuclear donde se va a aplicar (o mismo Hospital), como por ejemplo el C11.

20. ¿Qué T1/2 posee el flúor radiactivo utilizado más frecuentemente como sustrato en la FDG (en mn)?

a) 160 minutos.
b) 110 minutos.
c) 60 minutos.
d) 30 minutos.

Respuesta correcta: b) 110 minutos.

Como radionúclidos tenemos que el sustrato más frecuente que marca al equipo re-activo es el F18, que se caracteriza por poseer una T1/2 o periodo de semidesintegra-ción de 110 minutos.

Solución al test n.º 11

1. c) Dínodo.

2. c) Debe ser amplificada y filtrada.

3. b) Contador de impulsos.

4. c) Existe una gammagrafía que estudia los cortocircuitos cardiacos.

5. c) La cistogammagrafía directa e indirecta permiten diagnosticar las dos, el reflujo vesico-ureteral.

6. a) Vía renal.

7. c) De Tc99m.

8. b) Son emisores gamma.

9. a) No poseen riesgos de exposición externa.

10. d) Analogía estructural con yoduros.

11. d) Alinear.

12. c) Colimador.

13. d) Funcionan dejando pasar la radiación dispersa.

14. a) De agujeros paralelos.

15. b) Cristal de centelleo.

16. b) Se marca el carbono 2.

17. d) 2-F18-2-desoxi-glucosa.

18. c) F18.

19. c) Nos proporciona radionúclidos para el PET el ciclotrón.

20. b) 110 minutos.

TEST N.º 12

Gestión de material radiactivo: recepción, almacenamiento y manipulación. Gestión de residuos en radiología: clasificación, transporte, eliminación y tratamiento. Segregación de residuos y envasado. Gestión de residuos radiactivos en las unidades de medicina nuclear

1. ¿Qué residuos no se regulan o no es de aplicación la Ley 7/2022, de 8 de abril, de residuos y suelos contaminados para una economía circular?

a) Residuos urbanos.
b) Residuos asimilables a urbanos.
c) Residuos radiactivos.
d) Es de aplicación a todos los anteriores.

2. ¿Qué atributo se aplica a las sustancias y los preparados que poseen efectos adversos sobre la funcion sexual y la fertilidad de hombres y mujeres adultos, así como sobre el desarrollo de los descendientes?

a) Residuo infeccioso.
b) Residuo tóxico para la reproducción.
c) Residuo mutagénico.
d) Residuo sensibilizante.

3. ¿Cuál es el residuo con la sigla HP 14?

a) Sensibilizante.
b) Mutagénico.
c) Ecotóxico.
d) Corrosivo.

4. ¿Cómo se denomina a toda persona física o jurídica que actúe por cuenta propia en la compra y posterior venta de residuos, incluidos los negociantes que no tomen posesión física de los residuos?

a) Agente.
b) Conciliador.
c) Tratante.
d) Negociante.

5. ¿Qué legislación europea establece los principios y los requisitos generales de la legislación alimentaria?

a) Reglamento (CE) n.º 154/2006 del Parlamento Europeo y del Consejo.
b) Directiva (CE) n.º 43/2007 del Parlamento Europeo y del Consejo.
c) Reglamento (CE) n.º 252/2004 del Parlamento Europeo y del Consejo.
d) Reglamento (CE) n.º 178/2002 del Parlamento Europeo y del Consejo.

6. ¿Quién evaluará y declarará una sustancia u objeto como subproducto, con alcance general en el conjunto del territorio español?

a) El Ministerio de Fomento e Industria.
b) El Ministerio de Sanidad.
c) El Ministerio para la Transición Ecológica y el Reto Demográfico.
d) Las entidades locales (ayuntamientos).

7. ¿A quién se notificará de conformidad con el Real Decreto 1337/1999, de 31 de julio, a los efectos de dar cumplimiento a lo dispuesto en la Directiva (UE) 2015/1535 del Parlamento Europeo y del Consejo, de 9 de septiembre de 2015, la disposición por la que se haya efectuado la determinación del fin de la condición de residuo y el proceso llevado a cabo a tal fin?

a) Al Ministerio de Fomento e Industria.
b) Al Ministerio de Sanidad.
c) Al Ministerio para la Transición Ecológica y el Reto Demográfico.
d) A la Comisión Europea.

8. ¿Qué orden de prioridad es anterior o mayor jerárquicamente al resto de los que se nombran respecto a conseguir el mejor resultado medioambiental global, en el desarrollo de las políticas y de la legislación en materia de prevención y gestión de residuos?

a) Reciclado.
b) Prevención.
c) Valorización energética.
d) Eliminación.

9. ¿Qué nombre recibirá el residuo, atendiendo a su composición del mismo, como todo desecho sin origen biológico, de índole industrial o de algún otro proceso artificial, por ejemplo: plásticos o telas sintéticas?

a) Residuo orgánico.
b) Residuo inorgánico.
c) Mezcla de residuo.
d) Residuo peligroso.

10. ¿Qué afirmación es incorrecta respecto a la gestión de los aceites usados?

a) Los aceites usados de distintas características no se mezclarán.
b) Se tratarán dando prioridad a la eliminación de los mismos, mediante su quema.
c) Se recogerán por separado, salvo que la recogida separada no sea técnicamente viable teniendo en cuenta las buenas prácticas.
d) Los aceites usados se mezclarán con otros tipos de residuos o sustancias, si dicha mezcla impide su regeneración u otra operación de reciclado con la que se obtenga un resultado medioambiental global equivalente o mejor que la regeneración.

11. ¿Por qué se caracterizan los residuos sólidos, según la clasificación establecida por la OIEA, para los residuos de la categoría 2? Se caracterizan por:

a) Tasa de dosis en superficie (R/h) < 0,2 y ser emisores alfa.
b) Tasa de dosis en superficie (R/h) > 2 y ser emisores beta y gamma.
c) Tasa de dosis en superficie (R/h) de 0,2 a 2 y ser emisores beta y gamma.
d) Tasa de dosis en superficie (R/h) de 0,2 a 2 y ser emisores alfa.

12. ¿Por qué se caracterizan los residuos sólidos radiactivos de la categoría 4, según la clasificación establecida por la OIEA para residuos líquidos? Se caracterizan por:

a) Actividad de 10^{-3} a 10^{-1} Ci/m^3.
b) Actividad de 10^{-5} a $10-3$ Ci/m^3.
c) Actividad de $< 10^{-6}$ Ci/m^3.
d) Actividad de 10^{-1} a 10^4 Ci/m^3.

13. ¿Cómo es la gestión adecuada para actividades importantes de los residuos radiactivos que poseen una vida media y larga? La gestión adecuada se efectúa por:

a) Dilución en aire.
b) Dispersión al medio ambiente.
c) Aislamiento.
d) Almacenamiento temporal.

14. ¿Qué es el proceso de evacuación de residuos radiactivos?

a) El resultado del almacenamiento.
b) Es el resultado del almacenamiento en el tiempo, con la liberación de unos residuos radiactivos que han perdido su carácter de radiactivo.

c) Es el resultado del almacenamiento en el tiempo, con la liberación de unos residuos radiactivos que han perdido un 50 % de su carácter de radiactivo.

d) Es el resultado del almacenamiento en el tiempo, con la liberación de unos residuos radiactivos que no han perdido su carácter de radiactivo.

15. ¿Qué medida primera se lleva a cabo en la gestión hospitalaria de residuos radiactivos?

a) Inmovilizar.
b) Confinar.
c) Aislar.
d) Separar.

16. ¿Entre las características ideales de un almacén para residuos radiactivos cuál de las siguientes no se cumple?

a) Sistema de ventilación provisto de filtro apropiado.
b) Refrigeración a -20 ºC continuada.
c) Suelos sin fisuras, y fácilmente descontaminables.
d) Situación lo más próxima posible al lugar donde se generan los residuos.

17. ¿Cuál de las precauciones es incorrecta entre las que se deben tomar en la utilización de recipientes destinados a la recogida de residuos radiactivos de cualquier tipo?

a) Para emisores beta de baja o media energía, o emisores gamma de baja energía, los recipientes no necesitan disponer de blindaje.

b) Para emisores beta de alta energía (32P por ejemplo), puede ser necesario un blindaje grueso (1 o 2 cm) de metacrilato, o incluso metacrilato con revestimiento metálico externo.

c) Para emisores gamma de media o alta energía, pueden ser necesarios recipientes blindados con plomo.

d) Para emisores gamma de media energía, puede ser necesario un blindaje grueso (1 o 2 cm) de metacrilato, o incluso metacrilato con revestimiento metálico externo.

En MADTEST tienes **más preguntas de este tema,**

comentadas y argumentadas, y todos tus avances quedan registrados y se reflejan en el ranking.

¡Supera tus límites con MADTEST!

A continuación te presentamos algunos ejemplos de preguntas comentadas:

18. ¿De qué manera, siempre que sea posible, se pueden almacenar los residuos radiactivos sólidos?

a) En la propia instalación hasta que su actividad especifica alcance valores inferiores a 74 Bq/g, momento en el que se pueden evacuar como basura convencional, una vez comprobado que su tasa de dosis en contacto corresponde al fondo ambiental.

b) En la propia instalación hasta que su actividad especifica alcance valores inferiores a 74 mCi/g, momento en el que se pueden evacuar como basura convencional, una vez comprobado que su tasa de dosis en contacto corresponde al fondo ambiental.

c) En la propia instalación hasta que su actividad especifica alcance valores inferiores a 27 Bq/g, momento en el que se pueden evacuar como basura convencional, una vez comprobado que su tasa de dosis en contacto corresponde al fondo ambiental.

d) En la propia instalación hasta que su actividad especifica alcance valores inferiores a 27 mCi/g, momento en el que se pueden evacuar como basura convencional, una vez comprobado que su tasa de dosis en contacto corresponde al fondo ambiental.

Respuesta correcta: a) En la propia instalación hasta que su actividad especifica alcance valores inferiores a 74 Bq/g, momento en el que se pueden evacuar como basura convencional, una vez comprobado que su tasa de dosis en contacto corresponde al fondo ambiental.

Siempre que sea posible, se pueden almacenar en la propia instalación hasta que su actividad especifica alcance valores inferiores a 74 Bq/g, momento en el que se pueden evacuar como basura convencional, una vez comprobado que su tasa de dosis en contacto corresponde al fondo ambiental. Suelen estar constituidos por elementos como viales de vidrio, pipetas, agujas, algodones, jeringas, etc…

19. ¿Qué medida de actividad especifica en Bq/g (como consecuencia de la NORMA) debe poseer un desperdicio radiactivo para ser tratado como basura convencional?

a) Menor de 500.
b) Menor de 750.
c) Menor de 100.
d) Menor de 74.

Respuesta correcta: d) Menor de 74.

Si un residuo radiactivo supera una cierta actividad, debe ser almacenado. Siempre que sea posible, se pueden almacenar en la propia instalación hasta que su actividad especifica alcance valores inferiores a 74 Bq/g, momento en el que se pueden evacuar como basura convencional, una vez comprobado que su tasa de dosis en contacto corresponde al fondo ambiental.

20. ¿Qué característica no cumplen los residuos radiactivos de baja y media actividad?

a) No generan calor.
b) Son emisores beta o/y gamma.
c) T1/2 < 30 años.
d) Emisores alfa > a 0,37 GBq/T.

Respuesta correcta: d) Emisores alfa > a 0,37 GBq/T.

Los residuos radiactivos de baja y media actividad deben de cumplir las siguientes características: No generan calor, son emisores beta o/y gamma, tienen un T1/2 <30 años; lo que significa que su actividad se reduce a la milésima parte aproximadamente a los 300 años, poseen una cantidad de actividad de sustancias emisoras alfa < a 0,37 GBq/T. Luego la respuesta incorrecta es poseer emisores alfa > a 0,37 GBq/T.

Solución al test n.º 12

1. c) Residuos radiactivos.

2. b) Residuo tóxico para la reproducción.

3. c) Ecotóxico.

4. d) Negociante.

5. d) Reglamento n.º 178/2002 del Parlamento Europeo y del Consejo.

6. c) El Ministerio para la Transición Ecológica y el Reto Demográfico.

7. d) A la Comisión Europea.

8. b) Prevención.

9. b) Residuo inorgánico.

10. b) Se tratarán dando prioridad a la eliminación de los mismos, mediante su quema.

11. c) Tasa de dosis en superficie (R/h) de 0,2 a 2 y ser emisores beta y gamma.

12. d) Actividad de 10–1 a 104 Ci/m3.

13. c) Aislamiento.

14. b) Es el resultado del almacenamiento en el tiempo, con la liberación de unos residuos radiactivos que han perdido su carácter de radiactivo.

15. d) Separar.

16. b) Refrigeración a -20 ºC continuada.

17. d) Para emisores gamma de media energía, puede ser necesario un blindaje grueso (1 o 2 cm) de metacrilato, o incluso metacrilato con revestimiento metálico externo.

18. a) En la propia instalación hasta que su actividad especifica alcance valores inferiores a 74 Bq/g, momento en el que se pueden evacuar como basura convencional, una vez comprobado que su tasa de dosis en contacto corresponde al fondo ambiental.

19. d) Menor de 74.

20. d) Emisores alfa > a 0,37 GBq/T.

TEST N.º 13

Contrastes radiológicos. Tipos. Indicaciones. Precauciones generales en su utilización. Utilidad en TC y RM

1. ¿Cuál es el principal motivo del empleo de medios de contraste?

a) Químicos (por su reactividad).
b) Físicos (por sus tipos de estado).
c) Biológicos (por su metabolismo).
d) Anatómicos (para diferenciar estructuras).

2. ¿Qué afirmación es incorrecta en cuanto a los medios de contrastes?

a) Generan imágenes en negro, para destacarlas de otras.
b) Generan imágenes en blanco, para destacarlas de otras.
c) Siempre tienen un Z o una densidad alta (como el yodo o bario).
d) Todo lo anterior es falso.

3. ¿Qué afirmación es incorrecta respecto de los contrastes radiológicos positivos?

a) Son radiotransparentes.
b) Ocasionan una importante absorción de los rayos X.
c) Son sustancias con un coeficiente de atenuación superior al de los tejidos biológicos.
d) Poseen un elevado número atómico.

4. ¿Qué tipo de medio de contraste empleado en radiología es positivo?

a) Nitrógeno.
b) Compuestos yodados.
c) Aire o anhídrido carbónico.
d) Oxígeno.

5. Todo lo que se dice respecto al empleo de doble contraste en radiología es falso, excepto que:

a) En la técnica de doble contraste se emplean dos contrastes positivos.
b) Un ejemplo de esta sería el empleo compuesto yodado asociado al sulfato de bario.

c) En la técnica de doble contraste se emplean dos contrastes negativos.

d) Siempre hay que combinar un medio de contraste positivo con uno negativo.

6. ¿Qué característica de las que se nombran no se da en los contrates positivos?

a) Densidad óptica: Blanco.

b) Elevado número atómico.

c) Son gases.

d) Coeficiente de atenuación lineal: superior al de los tejidos.

7. ¿Qué características comunes a todos los medios de contraste es falsa?

a) Deben poseer una fácil eliminación por el organismo.

b) Aquellos medios de contraste que vayan a ser inyectados han de ser estériles; exceptuando los que se toman por boca, cuya preparación de esterilidad no es tan rígida en la toma.

c) Deben producir un adecuado contraste en las imágenes, debido a la diferencia de atenuación entre las estructuras y el propio contraste.

d) Todas las anteriores afirmaciones son ciertas.

8. ¿Qué propiedad de los compuestos baritados, empleados como medio de contraste, es incorrecta?

a) En su composición, el elemento de contraste (Ba) debe poseer un elevado número atómico (56).

b) Las sustancias utilizadas son sales orgánicas de bario.

c) Están indicados en los estudios del tubo digestivo, por ser inocuos, ya que son compuestos no son reactivos.

d) Generalmente se administran en suspensión por vía oral o rectal.

9. ¿Cuándo están contraindicados los contrastes baritados en estudios digestivos?

a) En los casos de enema opaco, en estudios sin complicación aparente.

b) En estudios de esófago sin complicación aparente, como una acalasia.

c) Ante la sospecha de perforación de víscera hueca (PVH), asociado a un cuadro de abdomen agudo.

d) En estudios de tránsito gastroduodenal o tránsito intestinal ante sospecha de un tumor.

10. ¿Qué número atómico posee el yodo (I)?

a) 35.

b) 53.

c) 57.

d) 61.

11. Todo lo que se dice de los medios de contrastes yodados es cierto, excepto que:

a) Estos contrastes se administran en forma de solución por diversas vías, pero siempre evitando una composición con un menor grado de toxicidad y haciéndolos así más tolerables.

b) El yodo es un elemento químico que *a priori* posee una gran toxicidad.

c) Son aquellos que contienen yodo.

d) Deben ser introducidos en el organismo como compuestos inorgánicos, que tienen una reactividad química mínima.

12. ¿Qué medios de contrastes yodados no deben administrarse por vía intravascular?

a) Los compuestos yodados liposolubles.

b) Los compuestos yodados hidrosolubles.

c) No pueden administrarse los indicados en a) ni en b).

d) Pueden administrarse los indicados en a) y en b).

13. ¿En qué circunstancias está indicada la toma de los compuestos yodados por vía oral?

a) Siempre que sean hidrosolubles.

b) Cuando existen perforaciones a cualquier nivel del tubo digestivo.

c) Siempre que sean hidrosolubles y cuando existen perforaciones a cualquier nivel del tubo digestivo.

d) Siempre que no sean hidrosolubles y cuando existen perforaciones a cualquier nivel del tubo digestivo.

14. ¿Qué afirmación de las que se nombran de los contrastes yodados es correcta?

a) No se absorben por el organismo.

b) Generalmente son moléculas orgánicas simples.

c) Los compuestos yodados liposolubles poseen actualmente escasas indicaciones de uso.

d) Se administran en suspensión, nunca en soluciones.

15. ¿Qué características de las enunciadas es aquella que condiciona su capacidad de absorber la radiación X, es decir, su coeficiente de atenuación o, dicho de otro modo, su poder contrastante?

a) Solubilidad.

b) Viscosidad.

c) Volatilidad.

d) Ninguna de las anteriores.

16. ¿Qué propiedad de un contraste yodado hidrosoluble idóneo es incorrecta?

a) Una alta solubilidad en sangre.
b) Una baja viscosidad.
c) Una escasa concentración de yodo.
d) Una osmolalidad que tendrá que ser lo más baja posible y muy similar a la sanguínea.

17. ¿Cuál de estos es un compuesto yodado dímero no iónico?

a) Ácido amidotrizoico.
b) Iotrolan.
c) Ioxaglato.
d) Iopentol.

En MADTEST tienes **más preguntas de este tema,**

comentadas y argumentadas, y todos tus avances quedan registrados y se reflejan en el ranking.

¡Supera tus límites con MADTEST!

A continuación te presentamos algunos ejemplos de preguntas comentadas:

18. ¿Qué compuesto yodado de los que se nombran no posee carácter iónico y bajísima osmolalidad?

a) Monómeros iónicos.
b) Dímeros iónicos.
c) Monómeros no iónicos.
d) Dímeros no iónicos.

Respuesta correcta: d) Dímeros no iónicos.

Los compuestos yodados dímeros no iónicos, obviamente son no iónicos y presentan bajísima osmolalidad, que incluso a concentraciones elevadas presentan una osmolalidad similar a la sanguínea.

19. ¿De qué depende la distribución del medio de contraste yodado por el organismo tras ser inyectado por vía IV?

a) Depende de la permeabilidad de la membrana de los capilares.
b) Depende de del grado de vascularización de cada órgano.

c) Depende de la permeabilidad de la membrana de los capilares y del grado de vascularización de cada órgano.

d) Depende de la impermeabilidad de la membrana de los capilares y de lo eficaz que sea su eliminación.

Respuesta correcta: c) Depende de la permeabilidad de la membrana de los capilares y del grado de vascularización de cada órgano.

La distribución por el organismo del medio de contraste inyectado por vía intravenosa a la hora de un examen o de una exploración TC no es uniforme, y depende fundamentalmente de los siguientes factores: del volumen de distribución, entendido como el volumen total en el que el medio de contraste deberá ser distribuido, *del grado de vascularización de cada órgano*, y *de la permeabilidad de la membrana de los capilares*.

20. ¿Por qué mecanismo se eliminan los compuestos yodados por orina?

a) Por difusión simple sin reabsorción.
b) Por difusión facilitada con reabsorción.
c) Por filtración glomerular sin reabsorción.
d) Por filtración glomerular con reabsorción.

Respuesta correcta: c) Por filtración glomerular sin reabsorción.

El mecanismo por el que se eliminan los compuestos yodados por vía urinaria (orina) es la *filtración glomerular sin reabsorción*. Una sustancia, al no reabsorberse en los túbulos renales, sale por los túbulos colectores con la orina formada.

Solución al test n.º 13

1. d) Anatómicos (para diferenciar estructuras).

2. c) Siempre tienen un Z o una densidad alta (como el yodo o bario).

3. a) Son radiotransparentes.

4. b) Compuestos yodados.

5. d) Siempre hay que combinar un medio de contraste positivo con uno negativo.

6. c) Son gases.

7. d) Todas las anteriores afirmaciones son ciertas.

8. b) Las sustancias utilizadas son sales orgánicas de bario.

9. c) Ante la sospecha de perforación de víscera hueca (PVH), asociado a un cuadro de abdomen agudo.

10. b) 53.

11. d) Deben ser introducidos en el organismo como compuestos inorgánicos, que tienen una reactividad química mínima.

12. a) Los compuestos yodados liposolubles.

13. c) Siempre que sean hidrosolubles y cuando existen perforaciones a cualquier nivel del tubo digestivo.

14. c) Los compuestos yodados liposolubles poseen actualmente escasas indicaciones de uso.

15. d) Ninguna de las anteriores.

16. c) Una escasa concentración de yodo.

17. b) Iotrolan.

18. d) Dímeros no iónicos.

19. c) Depende de la permeabilidad de la membrana de los capilares y del grado de vascularización de cada órgano.

20. c) Por filtración glomerular sin reabsorción.

Sistemas de imagen en la radiología convencional. Película radiográfica: revelado y fijado. Sistemas digitales de imagen

1. ¿Qué factor de exposición radiográfica de estos se considera primario?

a) La filtración.
b) El tamaño del punto focal.
c) La distancia.
d) Miliamperios-segundos (mAs).

2. ¿Cuál es el control más importante que determina la calidad del haz, como factor técnico de exposición?

a) La tensión de pico.
b) La estructura del paciente.
c) El tamaño del punto focal.
d) La distancia.

3. ¿Qué se controla si aumentamos la tensión pico como factor de exposición radiográfica?

a) El poder de penetración del haz de radiación (que es menor).
b) La calidad del haz (que disminuye).
c) Escala de contraste menos extensa.
d) Menor contraste de la imagen.

4. ¿Qué factor de exposición nos da esencialmente el poder de penetración del haz de Rx?

a) kV.
b) mAs.
c) Filtración.
d) Tamaño del foco.

5. ¿Qué factor de exposición está muy relacionado con la disminución de la borrosidad cinética?

a) Miliamperaje.
b) Tensión pico.
c) Filtración de rayos X.
d) Tiempo de exposición.

6. ¿Cuál consideras el elemento básico necesario para la obtención de la imagen médica?

a) El médico que la interprete.
b) El técnico o profesional que realice el examen.
c) La estructura de estudio.
d) El tipo de energía utilizada.

7. ¿Qué examen de imagen médica se entiende como de radiología convencional?

a) RM cráneo.
b) TC tórax.
c) Radiografía de antebrazo.
d) Eco Doppler color de cráneo.

8. ¿Qué color se produce en la placa cuando los rayos X no pasan?

a) El negro.
b) El blanco.
c) El gris claro.
d) El gris oscuro.

9. En radiología, ¿de qué depende que se vean en la imagen las zonas anatómicas con aire de una tonalidad negra?

a) Escasa absorción.
b) Escasa densidad del aire.
c) Z bajo de sus componentes.
d) De todo lo anterior.

10. ¿De qué manera se obtiene la imagen radiográfica por la acción de los rayos X sobre la pantalla de un intensificador? Se obtiene de manera:

a) Simple.
b) Directa.
c) Indirecta.
d) Digitalmente.

11. ¿Cuál es el sistema utilizado para convertir la imagen radiológica invisible en imagen visible?

a) Generador.
b) Receptor de imagen.
c) Tubo de diagnóstico.
d) Chasis.

12. ¿Cuál es el receptor de imagen en una radiografía indirecta?

a) Película.
b) Pantalla.
c) Combinación película-chasis.
d) Combinación película-pantalla.

13. ¿Qué se define como la fidelidad con la que aparecen en la imagen las estructuras anatómicas examinadas, teniendo para ello en cuenta muchos factores?

a) Cantidad de imagen.
b) Nitidez de la imagen.
c) Calidad de la imagen.
d) Contraste de la imagen.

14. ¿Qué factores de los que se nombran lograrán incrementar o disminuir la densidad de la imagen?

a) Un aumento del miliamperaje y el kilovoltaje, y una disminución del tiempo de exposición; aumentan la densidad.
b) Un aumento del miliamperaje y del tiempo de exposición y una disminución del kilovoltaje; aumentan la densidad.
c) Un aumento del miliamperaje, del tiempo de exposición y de la distancia foco-película; aumentan la densidad. Permaneciendo inalterable sobre la misma el kilovoltaje.
d) Un aumento del miliamperaje, del kilovoltaje, del tiempo de exposición; aumentan la densidad, y un aumento de la distancia foco-película, disminuye la densidad.

15. ¿Qué se define como la representación precisa de los bordes del objeto radiografiado, de forma que los mismos se puedan apreciar con claridad?

a) Sensibilidad espectral.
b) Nitidez.
c) Contraste.
d) Densidad de la imagen.

16. En la imagen digital:

a) Se puede visualizar sin soporte físico, tras su visualización directa en monitores especiales de diagnósticos.
b) Se visualizará en soporte físico mediante su impresión, generalmente con impresora láser.

c) Son ciertas las respuestas a) y b).

d) Ninguna de las respuestas anteriores es cierta.

17. El tercer valor representado en una matriz de una imagen digital se corresponde con:

a) Números en relación con el eje de coordenada X en un píxel de la matriz.

b) Números en relación con el eje de coordenada Y en un píxel de la matriz.

c) Números en relación con el eje de coordenada Z en un píxel de la matriz.

d) Números en relación con el nivel de gris que posee en un píxel de la matriz.

En MADTEST tienes **más preguntas de este tema,**

comentadas y argumentadas, y todos tus avances quedan registrados y se reflejan en el ranking.

¡Supera tus límites con MADTEST!

A continuación te presentamos algunos ejemplos de preguntas comentadas:

18. Para la transmisión de imágenes médicas provenientes de PACS se debe cumplir la norma:

a) ISO 9000.

b) DICOM.

c) HL-7.

d) AENOR.

Respuesta correcta: b) DICOM.

La implantación de los PACS, que cumple la norma llamada DICOM para la transmisión y archivo de imágenes médicas; y la norma HL-7, para la transmisión de datos médicos, permiten la interconectividad, tanto dentro como fuera del hospital (Telerradiología).

19. ¿Cuántos píxeles contiene una matriz de 128x128?

a) 256 píxeles.

b) 4.096 píxeles.

c) 16.384 píxeles.

d) 16.284 píxeles.

Respuesta correcta: c) 16.384 píxeles.

Para saber cuántos píxeles posee una matriz solo hay que multiplicar el ancho de la matriz (n.º de píxeles), por el alto de la misma (n.º de píxeles), dándonos la cantidad total que posee. En una matriz 128x128, para saber cuántos píxeles posee, solo hay que multiplicar 128 por 128, que nos da un total de 16.384 píxeles.

20. La información que contienen los mapas de bits se expresa:

a) En potencia de 10.
b) En potencia de 2.
c) En potencia de 8.
d) En potencia de 16.

Respuesta correcta: b) En potencia de 2.

La imagen digital es una representación bidimensional de una imagen a partir de una matriz numérica, frecuentemente en binarios (1 y 0). El formato más utilizado es el mapa de bit, que se trata de aquellas imágenes que se forman a partir de puntos llamados píxeles, cada píxel contiene la información del color. Los mapas de bits, por otra parte, pueden diferenciarse según la cantidad de colores que puede presentar cada uno de los píxeles. Esta información se expresa en potencia de 2 y en la unidad conocida como bit. Hoy en día, el mínimo aceptable es 16 bits, siendo 24 y 32 más comunes.

Solución al test n.º 14

1. d) Miliamperios-segundos (mAs).

2. a) La tensión de pico.

3. d) Menor contraste de la imagen.

4. a) kV.

5. d) Tiempo de exposición.

6. d) El tipo de energía utilizada.

7. c) Radiografía de antebrazo.

8. b) El blanco.

9. d) De todo lo anterior.

10. c) Indirecta.

11. b) Receptor de imagen.

12. d) Combinación película-pantalla.

13. c) Calidad de la imagen.

14. d) Un aumento del miliamperaje, del kilovoltaje, del tiempo de exposición; aumentan la densidad, y un aumento de la distancia foco-película, disminuye la densidad.

15. b) Nitidez.

16. c) Son ciertas las respuestas a) y b).

17. d) Números en relación con el nivel de gris que posee en un píxel de la matriz.

18. b) DICOM.

19. c) 16.384 píxeles.

20. b) En potencia de 2.

TEST N.º 15

Radiología de urgencias, cuidados intensivos y quirófanos. El paciente politraumatizado, su manejo y prioridades exploratorias

1. El significado de urgencia sanitaria depende de:

a) El nivel socioeconómico de las personas.
b) El país.
c) El entorno.
d) Todas las anteriores opciones.

2. ¿Qué diferencia existe entre urgencia y emergencia sanitaria?

a) No existe diferencia entre ellas.
b) La emergencia es atendida por sanitarios, la urgencia no.
c) En la emergencia hay que actuar ¡ya!, tiene prioridad a la urgencia sanitaria.
d) En la urgencia hay que actuar ¡ya!, tiene prioridad a la emergencia sanitaria.

3. ¿Qué técnicas radiológicas de estas se requieren en las urgencias hospitalarias?

a) Ecografías.
b) Radiografías.
c) Resonancias magnéticas.
d) Son todas las anteriores.

4. ¿Qué afirmación NO es cierta?

a) Las decisiones a tomar son rápidas en urgencias tanto en el tratamiento, como en su evaluación.
b) Las decisiones que toman los profesionales sanitarios deben estar firmemente argumentadas.
c) No tiene por qué existir colaboración entre profesionales sanitarios que realizan las pruebas diagnóstico y los que deciden el tratamiento posterior.
d) Las decisiones médicas se basan en urgencias atendiendo a la naturaleza y gravedad del estado del paciente.

5. ¿Qué unidades de imagen para el diagnóstico se emplean habitualmente en cuidados intensivos?

a) Ecógrafos.
b) Equipos radiográficos transportables.
c) Equipos de radioscopias móviles.
d) Resonancias magnéticas portátiles.

6. ¿Qué medida no es apropiada al trabajar con aparatos de Rayos X móviles radiográficos?

a) Conocer antes de emplear las instalaciones eléctricas que estén preparadas o utilizar generadores a base de baterías con entrega instantánea de energía.
b) No importa dirigir nunca el haz útil o directo hacia otros enfermos, ya que la incidencia en estos es escasa.
c) Utilizar delantales y otros dispositivos de proteccion.
d) Ninguna de las anteriores es correcta.

7. ¿Qué objetivo busca la unidad de cuidados intensivos?

a) Realizar todas las pruebas especiales.
b) Suministrar atención continua y óptima a pacientes en situaciones potencialmente mortales.
c) Suministrar cuidadosamente la medicación para molestar poco al paciente.
d) Valorar al paciente cuando entra por urgencias.

8. En los estudios radiodiagnósticos para pacientes en cuidados intensivos existen unos problemas adicionales, entre ellos está/n:

a) El frío en la sala.
b) Luminosidad escasa.
c) Las conexiones externas como respiradores, electrodos…
d) El calor ambiental agita mucho a estas personas.

9. ¿Cuál de estos consideras algunos de los problemas que presentan los equipos móviles de rayos X y su empleo en la UCI?

a) Utilización en donde la instalación eléctrica no está preparada.
b) Equipos muy grandes para moverlos.
c) Empleo en salas carentes de blindajes estructurales y ocupadas por otras personas.
d) Son correctas a) y c).

10. ¿Qué se podría hacer al utilizar equipos móviles en salas carentes de blindajes y ocupadas por otras personas, con el fin de un perjuicio mínimo?

a) Situarnos a un metro de distancia del equipo.
b) Utilizar delantales de protección.

c) Dirigir el haz de rayos hacia otras personas.
d) Todas son buenas medidas a realizar.

11. ¿Qué unidades de imagen para el diagnóstico se emplean habitualmente en quirófanos?

a) Ecógrafos.
b) Equipos radiográficos transportables.
c) Equipos de radioscopias móviles.
d) Resonancias magnéticas portátiles.

12. ¿Qué aspectos debe tener en cuenta el técnico en radiodiagnóstico que trabaje en el servicio de quirófano?

a) Respetar las medidas de asepsia.
b) Conocer el manejo del equipo de rayos antes de la intervención.
c) Utilizar elementos de proteccion radiologica.
d) Todas son correctas.

13. ¿Cuál de estas pruebas diagnósticas se realiza en el laboratorio de hemodinámica?

a) Cateterismo.
b) Urografía intravenosa.
c) Colonoscopia.
d) Histerosalpingografía.

14. ¿Cuál de estas es una etiología o causa de politraumatismo?

a) Accidentes de tráfico.
b) Accidentes laborales y deportivos.
c) Desastres naturales.
d) Son todas las anteriores.

15. ¿Cómo se define más apropiadamente paciente politraumatizado?

a) Se define como aquel paciente que entra por urgencias con varias contusiones.
b) Se define como aquel paciente al que debemos realizar varias radiografías.
c) Se define como aquel paciente que se queja de mucho dolor después de un accidente de tráfico.
d) Se define como aquel paciente con más de una lesión traumática, alguna de las cuales comporta, aunque sea potencialmente, riesgo vital es un politraumatizado.

16. ¿Con qué nombre se conoce al politraumatizado con solo fracturas múltiples en el aparato locomotor?

a) Fracturado de huesos.
b) Fracturado vario.

c) Polifracturado.

d) Politraumatizado visceral.

17. ¿En cuál de estos grupos, de la mortalidad en los politraumatizados graves, está demostrado que las muertes son previsibles y tratables por un equipo bien entrenado?

a) En el primer grupo.

b) En el segundo grupo.

c) En el tercer grupo.

d) Todas son correctas.

En MADTEST tienes **más preguntas de este tema,**

comentadas y argumentadas, y todos tus avances quedan registrados y se reflejan en el ranking.

¡Supera tus límites con MADTEST!

A continuación te presentamos algunos ejemplos de preguntas comentadas:

18. ¿Qué nombre recibe la asistencia médica a un politraumatizado dentro de la primera hora? Se denomina la:

a) Hora asistencial.

b) Hora de oro.

c) Hora de plata.

d) Hora médica.

Respuesta correcta: b) Hora de oro.

La asistencia médica dentro de la primera hora a un politraumatizado es fundamental, considerada como la hora de oro, de ahí la importancia de una rápida actuación en la valoración, diagnóstico y tratamiento.

19. ¿Cuál sería la actuación ante un politraumatizado que no respira ni tiene pulso?

a) Sería RCP básica o avanzada.

b) Sería traslado inmediato a un hospital.

c) Sería controlar hemorragias.

d) Sería valorar lesiones neurológicas.

Respuesta correcta: a) Sería RCP básica o avanzada.

La prioridad es salvar la vida del paciente, ante un politraumatizado que no respira ni tiene pulso, así como conservar la funcionalidad orgánica, la anatomía y la estética, mediante un rápido examen y valoración inicial. La actuación sería una reanimación cardiopulmonar (RCP) básica o avanzada, esta última se haría en ámbito hospitalario y con medios adecuados.

20. ¿Cuál sería la valoración primaria ante un politraumatizado? Sería:

a) Control de vía aérea y examen neurológico.
b) Ventilación/respiración.
c) Circulación y control de la hemorragia.
d) Todas son correctas.

Respuesta correcta: d) Todas son correctas.

La valoración primaria ante un politraumatizado comprende el control de vía aérea y examen neurológico (conciencia), ventilación/respiración y la circulación y control de la hemorragia. Es coincidente con el conocido ABC de la RCP básica (reanimación cardiopulmonar) en traumatizados.

Solución al test n.º 15

1. d) Todas las anteriores opciones.

2. c) En la emergencia hay que actuar ¡ya!, tiene prioridad a la urgencia sanitaria.

3. d) Son todas las anteriores.

4. c) No tiene por qué existir colaboración entre profesionales sanitarios que realizan las pruebas diagnóstico y los que deciden el tratamiento posterior.

5. b) Equipos radiográficos transportables.

6. b) No importa dirigir nunca el haz útil o directo hacia otros enfermos, ya que la incidencia en estos es escasa.

7. b) Suministrar atención continua y óptima a pacientes en situaciones potencialmente mortales.

8. c) Las conexiones externas como respiradores, electrodos…

9. d) Son correctas a) y c).

10. b) Utilizar delantales de protección.

11. c) Equipos de radioscopias móviles.

12. d) Todas son correctas.

13. a) Cateterismo.

14. d) Son todas las anteriores.

15. d) Se define como aquel paciente con más de una lesión traumática, alguna de las cuales comporta, aunque sea potencialmente, riesgo vital es un politraumatizado.

16. c) Polifracturado.

17. b) En el segundo grupo.

18. b) Hora de oro.

19. a) Sería RCP básica o avanzada.

20. d) Todas son correctas.

TEST N.º 16

Anatomía radiológica y técnicas de exploración radiológica de las extremidades y articulaciones. Tipos de fracturas. Factores de exposición: kilovoltaje, miliamperaje y tiempo de exposición

1. Respecto al hidrógeno (H) como átomo:

a) Es el más frecuente en el universo, y en nuestra composición, aunque sin el átomo de carbono (C) no seríamos seres vivos.
b) En este átomo se fundamenta la mayor parte de los estudios de resonancia magnética (RM).
c) Son correctas las respuestas a) y b).
d) Son incorrectas las respuestas a) y b).

2. ¿Qué tejido humano no es básico de los que se nombran?

a) Tejido óseo.
b) Tejido muscular.
c) Tejido epitelial.
d) Ninguno de los anteriores es básico.

3. ¿Cómo se denomina el conjunto de células que estructuran el tejido noble, o propiamente es el tejido especializado en una determinada función, que se nutre o sostiene por otros?

a) Parénquima.
b) Estroma.
c) Epidermis.
d) Son correctas las respuestas b) y c).

4. ¿Qué condiciones o características de las enunciadas no posee el arquetipo humano?

a) Estar durante el estudio en Posición Anatómica.
b) Constitución o biotipo atlético.

c) Peso aproximado de 70 a 75 kilogramos.
d) Posee todas las anteriores.

5. El arquetipo humano está en la posición anatómica como modelo anatómico de estudio. ¿Qué característica de las que se nombran no pertenece a dicha posición?

a) Estar en bipedestación.
b) Los miembros superiores deben estar extendidos y pegados al cuerpo.
c) El observador está a las espaldas del arquetipo.
d) Cabeza erguida.

6. ¿Qué elemento de los que se nombran no pertenece al sistema muscular del aparato locomotor?

a) Fascias.
b) Ligamentos.
c) Tendones.
d) Músculos.

7. ¿En qué zona de un hueso largo se localiza el cartílago de crecimiento?

a) En la epífisis proximal.
b) En la epífisis distal.
c) En la diáfisis.
d) En las metáfisis.

8. ¿Cómo se denomina el conjunto de sucesos o procesos que se llevan a cabo para el crecimiento y desarrollo de nuestro esqueleto?

a) Osificación.
b) Osteólisis.
c) Osteogénesis.
d) Calcificación.

9. ¿Qué tipo de articulación poseen los huesos nasales o propios de la nariz, entre ellos, en el adulto?

a) Sinfibrosis.
b) Sincondrosis.
c) Sinostosis.
d) Anfiartrosis.

10. ¿Cuántos grados de movimiento poseen las diartrosis tipo tróclea?

a) Un grado de movimiento.
b) Dos grados de movimiento.

c) Tres grados de movimiento.
d) Ningún grado de movimiento.

11. ¿Qué estructuras óseas configuran ambas caderas?

a) Coxales y zonas proximales de las tibias.
b) Coxales y zonas proximales de ambos fémures.
c) Coxales y zonas distales de ambos fémures.
d) Coxales, sacro y zonas proximales de ambos fémures.

12. ¿Qué zona anatómica de la epífisis proximal del fémur derecho (zona posterior) es la marcada con una X?

a) Cuello anatómico.
b) Trocánter mayor.
c) Línea intertrocantérea.
d) Cuello quirúrgico.

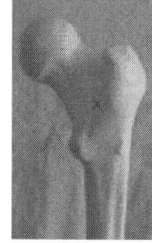

Imagen pregunta 12

13. ¿Qué zona anatómica de la epífisis distal del fémur derecho (zona posterior) es la marcada con una X?

a) Fosa intercondílea.
b) Plano poplíteo.
c) Línea áspera.
d) Tróclea.

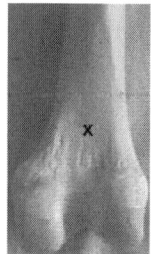

Imagen pregunta 13

14. ¿Dónde se encuentra el hueso denominado patela?

a) En el muslo.
b) En la rodilla.z
c) En el tarso.
d) En la pierna.

15. El menisco tibial o interno de la pierna izquierda tiene forma de:

a) Letra O.
b) Letra D.

c) Letra C.
d) Letra T.

16. ¿Qué huesos o partes óseas configuran la articulación sacroilíaca?

a) Sacro y coxis.
b) Coxal y hueso coxal.
c) Sacro y hueso coxal.
d) Sacro y última vértebra lumbar.

17. ¿Qué zona anatómica es la marcada con una X del hueso coxal?

a) Cavidad cotiloidea.
b) Agujero ilíaco.
c) Agujero obturador.
d) Agujero mayor.

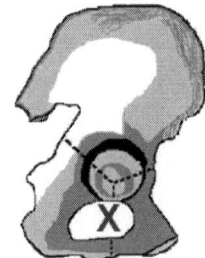

Imagen pregunta 17

En MADTEST tienes **más preguntas de este tema,**

comentadas y argumentadas, y todos tus avances quedan registrados y se reflejan en el ranking.

¡Supera tus límites con MADTEST!

A continuación te presentamos algunos ejemplos de preguntas comentadas:

18. ¿Qué huesos además de isquion y pubis forman el coxal?

a) Gonion.
b) Ilion.
c) Pisiforme.
d) Cuboides.

Respuesta correcta: b) Ilion.

El coxal es un hueso par, intrauterinamente está compuesto por tres huesos separados, que son el ilion, el isquion y el pubis, para extrauterinamente fusionarse en uno solo, y estos ser porciones del mismo.

19. ¿Qué línea divide la pelvis en mayor y menor?

a) La línea áspera.
b) La línea innominada.
c) La línea iliopectínea.
d) La línea de Hilgenreiner.

Respuesta correcta: c) La línea iliopectínea.

La línea que divide la pelvis en mayor y menor es la iliopectínea.

20. ¿Qué zona anatómica es la marcada con una X del hueso coxal?

a) Espina ciática.
b) Tubérculo ilíaco.
c) Tubérculo púbico.
d) Tubérculo obturador.

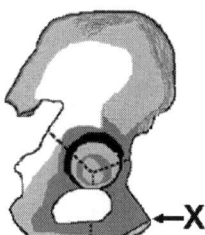

Imagen pregunta 20

Respuesta correcta: c) Tubérculo púbico.

En la imagen se observa un hueso coxal, concretamente la cara posteroexterna del derecho, tomando de referencia la cavidad donde confluyen sus tres porciones, que es el cótilo, por debajo estará el agujero obturador, se forma por la unión de pubis (en la derecha, donde la X) y el isquion (en la izquierda de la imagen). Por tanto la zona anatómica marcada que es prominente se corresponde con el tubérculo púbico.

Solución al test n.º 16

1. c) Son correctas las respuestas a) y b).

2. a) Tejido óseo.

3. a) Parénquima.

4. d) Posee todas las anteriores.

5. c) El observador está a las espaldas del arquetipo.

6. b) Ligamentos.

7. d) En las metáfisis.

8. c) Osteogénesis.

9. c) Sinostosis.

10. a) Un grado de movimiento.

11. b) Coxales y zonas proximales de ambos fémures.

12. c) Línea intertrocantérea.

13. b) Plano poplíteo.

14. b) En la rodilla.

15. c) Letra C

16. c) Sacro y hueso coxal.

17. c) Agujero obturador.

18. b) Ilion.

19. c) La línea iliopectínea.

20. c) Tubérculo púbico.

Anatomía radiológica y técnica de exploración de la columna y articulaciones. Factores de exposición: kilovoltaje, miliamperaje y tiempo de exposición

1. Todas las afirmaciones sobre la columna son ciertas excepto que:

a) Forma parte del esqueleto cervical, torácico, abdominal y pélvico.
b) Es esencialmente una estructura osteocartilaginosa.
c) Tiene forma de eje y ocupa la zona ventral y medialmente.
d) Generalmente su longitud es algo menor en mujeres que en hombres.

2. ¿Cómo se denominan las curvaturas fisiológicas del raquis de convexidad anterior?

a) Escoliosis.
b) Cifosis.
c) Lordosis.
d) Enosis.

3. La cifosis dorsal fisiológica va desde:

a) C6 a D8.
b) C7 a D9.
c) D1 a D10.
d) D2 a D12.

4. ¿Con qué curvatura fisiológica el niño puede iniciar la marcha, junto con las que ya posee?

a) Lordosis cervical.
b) Cifosis dorsal.
c) Lordosis lumbar.
d) Las curvas fisiológicas no influyen en el inicio de la marcha.

5. ¿Qué tipo de escoliosis consideras que puede ser aquella que se presenta en un determinado momento de la vida por vicios posturales o dismetrías, asociado a veces a contractura muscular?

a) Escoliosis estructural.
b) Escoliosis postural.
c) Escoliosis verdadera.
d) Todas las anteriores son ciertas.

6. ¿Qué método de estudio radiográfico de los que se nombran se utiliza para medir el grado de curvatura de una escoliosis?

a) Método de Cobbs.
b) Método de Bartani-Costa.
c) Son correctas la a) y la b).
d) Son incorrectas la a) y la b).

7. ¿Qué grado tiene aquella escoliosis a la que tras realizarle estudio radiográfico y aplicarle el método de Ferguson se obtiene un resultado que se encuentra entre 76-100?

a) Grado III.
b) Grado IV.
c) Grado V.
d) Grado VI.

8. ¿Qué modalidad de estudio radiográfico se hace en el método de Cobbs en la serie de control en una escoliosis verdadera?

a) Se realizan las proyecciones AP o PA erecta, con inclinación lateral hacia ambos lados y L erecta.
b) Se realizan las proyecciones oblicuas.
c) Se realizan las proyecciones L no erecta y AP erecta; esta última con inclinación lateral hacia ambos lados.
d) Se realizan las proyecciones oblicuas y PA erecta, con inclinación lateral hacia ambos lados.

9. ¿Cómo debe estar la apófisis espinosa en relación con el cuerpo vertebral a nivel radiológico en proyección de frente de la vértebra tipo?

a) Superpuesta al cuerpo y diagonalmente.
b) Superpuesta al cuerpo y en uno de sus lados.
c) Superpuesta al cuerpo y ocupando la línea media.
d) Nunca superpuesta al cuerpo vertebral.

10. ¿Qué se observa en esta placa A-P de raquis?

a) Hipercifosis.
b) Escoliosis.
c) Hiperlordosis.
d) Inversión vertebral.

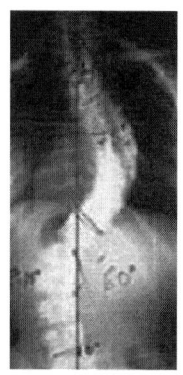

Imagen pregunta 10

11. ¿Qué representa el diámetro transverso del canal raquídeo en una proyección de frente de la vértebra tipo?

a) La distancia entre las 2 apófisis transversas desde sus zonas proximales.
b) La distancia entre las 2 apófisis transversas desde sus zonas distales.
c) La distancia que separa las corticales internas de los dos pedículos.
d) Nada de lo anterior es cierto.

12. ¿Qué zona anatómica de esta vértebra es la marcada?

a) Lámina.
b) Pedículo.
c) Apófisis articular.
d) Apófisis espinosa.

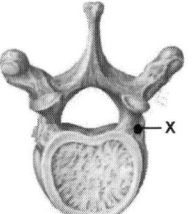

Imagen pregunta 12

13. ¿Qué zona anatómica de esta vértebra es la marcada?

a) Apófisis transversa.
b) Lámina vertebral.
c) Apófisis articular.
d) Apófisis espinosa.

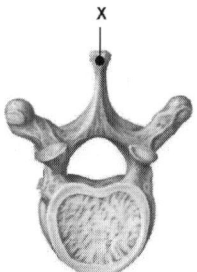

Imagen pregunta 13

14. ¿Qué zona anatómica de esta vértebra es la marcada?

a) Arco vertebral.
b) Agujero vertebral.
c) Cuerpo vertebral.
d) Lámina vertebral.

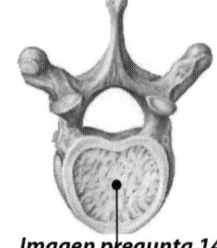

Imagen pregunta 14

15. ¿Cómo se denomina la zona posterior de la vértebra tipo?

a) Cuerpo vertebral.
b) Arco vertebral.
c) Escotadura posterior.
d) Pedículo.

16. ¿Qué afirmación es correcta de la proyección oblicua de la vértebra tipo?

a) Va a tener por objeto crear la superposición de los macizos articulares de la placa de perfil.
b) Esta radiografía debe ser bilateral.
c) Es imposible con ella estudiar separadamente los lados derecho e izquierdo del arco posterior.
d) Nada de lo anterior es cierto.

17. ¿Por qué estructura anatómica pasan los nervios raquídeos?

a) Por los forámenes dorsales.
b) Por los agujeros intervertebrales.
c) Por los forámenes ventrales.
d) Por el conducto vertebral.

En MADTEST tienes **más preguntas de este tema,**

comentadas y argumentadas, y todos tus avances quedan registrados y se reflejan en el ranking.

¡Supera tus límites con MADTEST!

A continuación te presentamos algunos ejemplos de preguntas comentadas:

18. ¿Mediante qué proyección se exploran habitualmente el atlas y el axis de frente?

a) Mediante la proyección AP de dichas vértebras.
b) Mediante la proyección L de dichas vértebras.
c) Mediante la proyección AP transoral.
d) Mediante la proyección oblicua de dichas vértebras.

Respuesta correcta: c) Mediante la proyección AP transoral.

Con la proyección *AP transoral* cervical se visualizarán las dos primeras vértebras cervicales (atlas y axis) a través de la boca, que permanecerá abierta durante el disparo.

19. ¿Qué criterios de calidad de los que se nombran es correcto en la AP transoral de atlas y axis?

a) La dentadura superior no debe quedar superpuesta con la base del cráneo.
b) Las vértebras C1 y C2 han de visualizarse en el espacio existente entre ambos maxilares.
c) Son correctas la a) y la b).
d) Son incorrectas la a) y la b).

Respuesta correcta: b) Las vértebras C1 y C2 han de visualizarse en el espacio existente entre ambos maxilares.

Es correcto en la proyección AP transoral de atlas y axis como criterio de calidad que *las vértebras C1 y C2 han de visualizarse en el espacio existente entre ambos maxilares* (observándose la apófisis odontoides y la articulación entre ambas vértebras), y la dentadura superior debe quedar superpuesta con la base del cráneo.

20. ¿Hacia dónde debe dirigirse el rayo central en la proyección AP del raquis cervical?

a) El rayo central se dirige al plano sagital medio a nivel de la C4 con una angulación cefálica de 15-20º.
b) El rayo central se dirige al plano sagital medio a nivel del cartílago tiroides con una angulación cefálica de 15-20º.
c) Son correctas la a) y la b).
d) Son incorrectas la a) y la b).

Respuesta correcta: c) Son correctas la a) y la b).

El rayo central en la proyección AP del raquis cervical se dirigirá al plano sagital medio a nivel de la *C4 con una angulación cefálica de 15-20º y el cartílago tiroides también con una angulación cefálica de 15-20º*. Cartílago tiroides y C4 están a la misma altura.

Solución al test n.º 17

1. c) Tiene forma de eje y ocupa la zona ventral y medialmente.

2. c) Lordosis.

3. c) D1 a D10.

4. c) Lordosis lumbar.

5. b) Escoliosis postural.

6. a) Método de Cobbs.

7. c) Grado V.

8. a) Se realizan las proyecciones AP o PA erecta, con inclinación lateral hacia ambos lados y L erecta.

9. c) Superpuesta al cuerpo y ocupando la línea media.

10. b) Escoliosis.

11. c) La distancia que separa las corticales internas de los dos pedículos.

12. b) Pedículo.

13. d) Apófisis espinosa.

14. c) Cuerpo vertebral.

15. b) Arco vertebral.

16. b) Esta radiografía debe ser bilateral.

17. b) Por los agujeros intervertebrales.

18. c) Mediante la proyección AP transoral.

19. b) Las vértebras C1 y C2 han de visualizarse en el espacio existente entre ambos maxilares.

20. c) Son correctas la a) y la b).

TEST N.º 18

**Anatomía radiológica y técnica de exploración de la región craneal.
Factores de exposición: kilovoltaje, miliamperaje y tiempo de exposición**

1. ¿Qué plano corta ambas fontanelas en el neonato?

a) El frontal.
b) El transversal.
c) El coronal.
d) El sagital.

2. ¿Cómo se denomina la fontanela mayor o anterior en recién nacidos?

a) Bregma.
b) Lambda.
c) Delta.
d) Ómicron.

3. ¿En qué partes el plano antropológico divide al cráneo?

a) Zonas izquierda/derecha.
b) Zonas superior/inferior.
c) Zonas anterior/posterior.
d) OPI/OAD.

4. ¿Qué hueso de la cara es impar?

a) Malar.
b) Palatino.
c) Maxilar.
d) Vómer.

5. ¿En qué hueso de la cabeza existe una prominencia denominada tubérculo faríngeo?

a) Temporal.
b) Esfenoides.

c) Occipital.
d) Cigomático.

6. El clivus es una estructura endocraneana formada por la unión del hueso esfenoides con el hueso:

a) Frontal.
b) Occipital.
c) Temporal.
d) Atlas.

7. ¿La unión de qué huesos forman el asterión?

a) Malar y maxilar.
b) Maxilar, nasal y cigomático.
c) Frontal, parietal y temporal.
d) Occipital, parietal y temporal.

8. ¿Qué oquedades del cráneo/cara contribuye a formar el hueso esfenoides?

a) Boca y fosas nasales.
b) Oídos y fosas nasales.
c) Órbitas y fosas nasales.
d) Boca y oídos.

9. ¿Por qué prominencias o apófisis del hueso esfenoides transcurre el recorrido del nervio óptico por el canal o conducto óptico (o quiasmático)?

a) A través de las mayores.
b) A través de las menores.
c) A través de las caudales o apófisis pterigoides.
d) A través de las apófisis clinoideas posteriores.

10. Las apófisis mastoides se encuentran en el hueso:

a) Occipital.
b) Esfenoides.
c) Temporal.
d) Parietal.

11. ¿Qué huesos del cráneo/cara contribuyen mediante apófisis o procesos a unirse con el hueso malar?

a) Frontal, temporal y maxilar.
b) Frontal y temporal.

c) Frontal y maxilar.
d) Temporal y maxilar.

12. ¿Dónde se localiza la glabela? Entre los arcos:

a) Paranasales.
b) Cigomáticos.
c) Supraciliares.
d) Infraciliares.

13. ¿En qué hueso de la cabeza/cráneo se encuentran las láminas papiráceas?

a) En el vómer.
b) En el etmoides.
c) En el unguis.
d) En el frontal.

14. ¿Qué ángulo aproximado forman las ramas ascendentes de la mandíbula al unirse al cuerpo de la misma?

a) Forman un ángulo casi de 180º.
b) Forman un ángulo casi de 110º.
c) Forman un ángulo casi de 90º.
d) Forman un ángulo casi de 45º.

15. ¿Qué numeración de la siguiente debe recibir el diente marcado con una X?

a) 2.4.
b) 2.5.
c) 3.4.
d) 3.5.

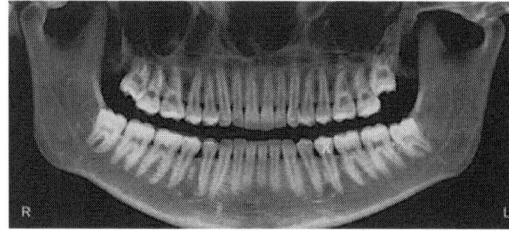

Imagen pregunta 15

16. ¿Qué nombre recibirá la carilla dentaria de una pieza si está localizada hacia atrás de la misma y se sitúa en la arcada superior?

a) Carilla vestibular.
b) Carilla lingual.
c) Carilla palatina.
d) Carilla facial.

17. ¿Qué línea del cráneo es basal y va desde el borde infraorbitario al meato auditivo externo y la línea media occipital?

a) Línea acantiomeatal.
b) Línea orbitomeatal.
c) Línea de Reid.
d) Línea de Albert.

En MADTEST tienes **más preguntas de este tema,**

comentadas y argumentadas, y todos tus avances quedan registrados y se reflejan en el ranking.

¡Supera tus límites con MADTEST!

A continuación te presentamos algunos ejemplos de preguntas comentadas:

18. Para realizar una radiografía de cráneo correctamente es importante tener en cuenta los siguientes aspectos, excepto que:

a) Se debe utilizar un foco fino.
b) Se tiene que usar la máxima distancia posible objeto-película.
c) La distancia foco-película debe ser de 1 metro.
d) Se debe emplear películas de grano fino.

Respuesta correcta: b) Se tiene que usar la máxima distancia posible objeto-película.

Para realizar una radiografía de cráneo correctamente es importante tener en cuenta la utilización de un foco fino, que la distancia foco-película sea de 1 metro, se debe emplear películas de grano fino, utilizar un kV medio, inmovilizar al paciente, realizar una colimación lo mayor posible... Pero no se tiene que usar una distancia objeto-película la máxima posible, sino la mínima posible.

19. ¿Qué material poseen los protectores radiológicos que se emplean para evitar el efecto de la radiación en el cristalino, especialmente indicados en TC craneal?

a) Amianto.
b) Fósforo.
c) Bismuto.
d) Ninguno de los anteriores.

Respuesta correcta: c) Bismuto.

La mayoría de las proyecciones de cráneo, si se puede, se deben realizar en posición PA para proteger todo lo posible el cristalino. Asimismo, se emplea, para radioproteger el cristalino, protectores de bismuto, especialmente justificados en estudios pediátricos, ya que disminuye la tasa de dosis, particularmente indicados en TC de cráneo.

20. ¿Qué límite del cuello es aquel que se encuentra configurado por la confluencia de multitud de músculos, entre ellos, esternocleidomastoideo, esplenio, elevador de la escápula y borde anterior del músculo trapecio?

a) El límite anterior.
b) El límite posterior.
c) El límite superior.
d) El límite inferior.

Respuesta correcta: b) El límite posterior.

El límite del cuello donde que se encuentra configurado por la confluencia de multitud de músculos, entre ellos, esternocleidomastoideo, esplenio, elevador de la escápula y borde anterior del músculo trapecio es el posterior. En los demás límites, inferior y superior, existen relación con partes óseas de alrededor, y en el anterior, la relación es con fascias.

Solución al test n.º 18

1. d) El sagital.

2. a) Bregma.

3. b) Zonas superior/inferior.

4. d) Vómer.

5. c) Occipital.

6. b) Occipital.

7. d) Occipital, parietal y temporal.

8. c) Órbitas y fosas nasales.

9. b) A través de las menores.

10. c) Temporal.

11. a) Frontal, temporal y maxilar.

12. c) Supraciliares.

13. b) En el etmoides.

14. c) Forman un ángulo casi de 90º.

15. d) 3.5.

16. c) Carilla palatina.

17. c) Línea de Reid.

18. b) Se tiene que usar la máxima distancia posible objeto-película.

19. c) Bismuto.

20. b) El límite posterior.

TEST N.º 19

Anatomía radiológica y técnicas de exploración del tórax. Conceptos generales sobre la patología pulmonar. Factores de exposición: kilovoltaje, miliamperaje y tiempo de exposición

1. ¿Qué afirmación es cierta de la radiografía de tórax?

a) Es considerada una prueba complementaria, y por ello no tiene que ser valorada en la globalidad de la Historia Clínica del paciente.

b) La radiografía de tórax es el segundo estudio radiográfico que se realiza con mayor frecuencia tanto en urgencias como en el servicio de radiología general, tras la de abdomen.

c) En las mujeres pacientes, no deben quitarse el sujetador para su realización por intimidad, ni debe recogerse el pelo si está muy largo, así como no es necesario desprenderse de los objetos que lleve el paciente colgados al cuello.

d) Esta exploración está dirigida hacia el diagnóstico de enfermedades de alta prevalencia en la sociedad actual, como son las afecciones cardiovasculares y pulmonares, además de otros procesos que pueden suponer un riesgo vital para el paciente.

2. ¿Cuál de estas no es una indicación en principio de la radiografía de tórax?

a) Insuficiencia cardíaca aguda.
b) Traumatismo torácico.
c) EPOC.
d) *Diabetes mellitus.*

3. La caja torácica está constituida por estructuras:

a) Musculocondrales.
b) Musculoesqueléticas.
c) Son correctas a) y b).
d) Son incorrectas a) y b).

4. ¿Cómo se denomina la parte señalada con una X de este hueso?

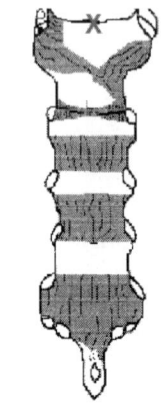

a) Cuerpo esternal.
b) Manubrio esternal.
c) Apéndice xifoides.
d) Sincondrosis esternal.

Imagen pregunta 4

5. ¿Cómo se denominan las costillas que no se unen al esternón?

a) Asternales.
b) Esternales.
c) Flotantes.
d) Apéndices costiformes.

6. ¿En qué estructura anatómica de las que se nombra se encuentra el *tubérculo de Lisfranc*?

a) En todas las costillas.
b) En la primera costilla.
c) En el esternón.
d) En las vértebras dorsales o torácicas.

7. ¿Qué caracteriza a las articulaciones de la caja torácica?

a) Algunas no son cartilaginosas.
b) Cierran la caja torácica por detrás y por delante queda abierta.
c) No tienen movilidad (sincondrosis o sinartrosis).
d) Todas son ciertas.

8. ¿Qué músculos propios del tórax, de estos, guarda el carácter segmentario?

a) Serratos dorsales.
b) Intercostales internos.
c) Romboides.
d) Supracostales.

9. ¿Qué nombre recibe el conjunto de estructuras de sostén del árbol bronquial?

a) Alveolos.
b) Saco aéreo.
c) Parénquima pulmonar.
d) Hilio pulmonar.

10. ¿Qué senos nasales son los de mayor tamaño?

a) Los senos frontales.
b) Los senos etmoidales.
c) Los senos maxilares.
d) Los senos esfenoidales.

11. ¿Qué volumen aéreo se le define como aquel aire existente de forma pasiva en las vías respiratorias?

a) Aire corriente.
b) Espacio muerto.
c) Volumen residual.
d) Capacidad vital.

12. ¿Qué órgano de estos se encuentra en el mediastino inferior?

a) Tráquea.
b) Timo.
c) Corazón.
d) Esófago.

13. ¿Qué logramos en la PA de tórax al posicionar al paciente con las manos colocadas en jarra, y el desplazamiento ligero de los codos hacia delante?

a) Una mayor expansión pulmonar.
b) Que el esternón quede fuera de los campos pulmonares.
c) Que las escápulas queden fuera de los campos pulmonares.
d) Todo lo anterior es cierto.

14. ¿En qué patología se hace necesaria la proyección PA de tórax en espiración, para así demostrar atrapamiento aéreo?

a) Neumonía.
b) Neumotórax.
c) Insuficiencia cardíaca aguda.
d) Traumatismo torácico múltiple (músculo-esquelético).

15. ¿Dónde se centrará el rayo central en la PA de tórax?

a) A la altura del manubrio esternal.
b) A la altura de la 4.ª, 5.ª o 6.ª vértebra torácica.
c) A la altura de la horquilla esternal.
d) A la altura de la 1.ª, 2.ª o 3.ª vértebra torácica.

16. ¿Cuál es el principal motivo de hacer la lateral de tórax?

a) El oscurecimiento cardíaco en la PA, de un tercio de los pulmones y el diafragma.

b) El oscurecimiento esternal en la PA, de silueta cardíaca y venas ácigos.

c) El oscurecimiento vertebral en la PA, de estructuras mediastínicas superiores, medias e inferiores.

d) Todo lo anterior es cierto.

17. ¿Cuál debe ser la Distancia Foco Placa o Película (DFP) en la radiografía Lateral simple de tórax?

a) 1 m.

b) 1,50 m.

c) 1,80 m.

d) 2 m.

En MADTEST tienes **más preguntas de este tema,**

comentadas y argumentadas, y todos tus avances quedan registrados y se reflejan en el ranking.

¡Supera tus límites con MADTEST!

A continuación te presentamos algunos ejemplos de preguntas comentadas:

18 ¿Qué proyección es la de la imagen (se acompaña el posicionamiento del paciente)?

a) PA de tórax en espiración e inspiración forzada.

b) PA de tórax sin inspirar.

c) AP de tórax.

d) AP axial de tórax.

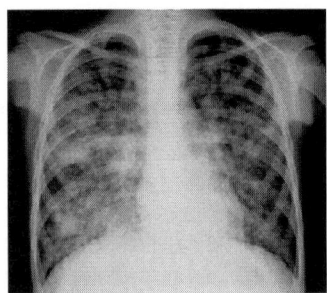

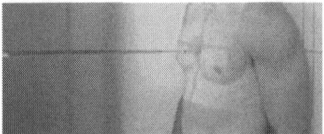

Imagen pregunta 18

Respuesta correcta: c) AP de tórax.

Tal como se observa en la posición del paciente en bipedestación, con la espalda apoyada más cercana a la placa radiográfica, y el rayo central le entra por delante a nivel medio del esternón y le sale por detrás, estamos ante una AP de tórax.

19. ¿En qué circunstancias de estas está indicada la AP de tórax en vez de la PA?

a) Se emplea en pacientes encamados con escasa movilidad.
b) Se emplea en niños pequeños, al no tolerar bien la PA.
c) Son correctas a) y b).
d) Son incorrectas a) y b).

Respuesta correcta: c) Son correctas a) y b).

La AP de tórax está indicada en vez de la PA cuando se trata de pacientes que presentan poca movilidad, encamados, unidades de críticos… Además también suele utilizarse en niños, debido a que no toleran bien la posición PA, suelen ponerse nerviosos al no poder ver lo que se les va a hacer, moviéndose continuamente, por lo que se opta por la realización de AP.

20. ¿Qué otro nombre recibe la proyección AP axial de tórax (método de *Lindblom*)?

a) Proyección en decúbito lateral con rayo horizontal.
b) Proyección lordótica.
c) Proyección AP simple de tórax.
d) Proyección oblicua de tórax.

Respuesta correcta: b) Proyección lordótica.

La proyección AP axial de tórax (método de Lindblom) se denomina también proyección lordótica.

Solución al test n.º 19

1. d) Esta exploración está dirigida hacia el diagnóstico de enfermedades de alta prevalencia en la sociedad actual, como son las afecciones cardiovasculares y pulmonares, además de otros procesos que pueden suponer un riesgo vital para el paciente.

2. d) *Diabetes mellitus*.

3. c) Son correctas a) y b).

4. b) Manubrio esternal.

5. a) Asternales.

6. b) En la primera costilla.

7. c) No tienen movilidad (sincondrosis o sinartrosis).

8. b) Intercostales internos.

9. c) Parénquima pulmonar.

10. c) Los senos maxilares.

11. b) Espacio muerto.

12. d) Esófago.

13. d) Todo lo anterior es cierto.

14. b) Neumotórax.

15. b) A la altura de la 4.ª, 5.ª o 6.ª vértebra torácica.

16. a) El oscurecimiento cardíaco en la PA, de un tercio de los pulmones y el diafragma.

17. c) 1,80 m.

18. c) AP de tórax.

19. c) Son correctas a) y b).

20. b) Proyección lordótica.

TEST N.º 20

Anatomía radiológica y técnicas de exploración del aparato genito-urinario. Factores de exposición: kilovoltaje, miliamperaje y tiempo de exposición

1. ¿Qué órganos, sistemas o aparatos eliminan agua en nuestro organismo?

a) Aparato digestivo y aparato urinario.
b) Piel y aparato urinario.
c) Aparato respiratorio, urinario, digestivo y la piel.
d) Sistema nervioso, aparato respiratorio, urinario, digestivo y la piel.

2. ¿Qué estructuras conforman las vías urinarias?

a) Riñones y vejiga.
b) Uretra y uréteres.
c) Pelvis renal, uretra y uréteres.
d) Vejiga, uretra y uréteres.

3. ¿Qué zona de la uretra del varón se relaciona con las glándulas de Cowper?

a) La uretra prostática.
b) La uretra membranosa.
c) La uretra esponjosa.
d) Ninguna de las anteriores.

4. ¿Qué porción del uréter se relaciona con la pelvis renal?

a) La porción pélvica.
b) La porción media.
c) La porción abdominal.
d) La porción intramural.

5. ¿Qué estructura anatómica de la imagen es la marcada con una X?

a) Uréter izquierdo.
b) Uréter derecho.
c) Arteria renal.
d) Vena renal.

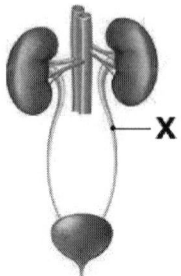

Imagen pregunta 5

6. ¿Cuánto pesa aproximadamente cada riñón y que forma tiene?

a) Pesan aproximadamente entre 200-300 g y tienen forma de cuña.
b) Pesan aproximadamente entre 200-300 g y tienen forma de habichuela o frijol.
c) Pesan aproximadamente entre 350-450 g y tienen forma de flor.
d) Pesan aproximadamente entre 350-450 g y tienen forma de habichuela o frijol.

7. ¿Qué estructura anatómica que entra en riñones de la imagen es la marcada con una X?

a) Uretra.
b) Uréter.
c) Arteria renal.
d) Vena renal.

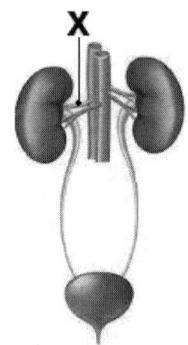

Imagen pregunta 7

8. ¿Qué estructuras conforman la cortical de los riñones?

a) Los rayos medulares y los lóbulos.
b) La corteza y la zona glomerular.
c) Los lóbulos, los cálices y la pelvis renal.
d) La medular y la zona glomerular.

9. ¿Qué es una nefrona?

a) Es una célula glomerular.
b) Es la unidad anatomofuncional de los riñones.
c) Es una célula renal.
d) Nada de lo anterior es cierto.

10. ¿Qué zona anatómica de la nefrona es la marcada con una X?

a) Túbulo contorneado proximal.
b) Glomérulo.
c) Túbulo contorneado distal.
d) Asa de Henle.

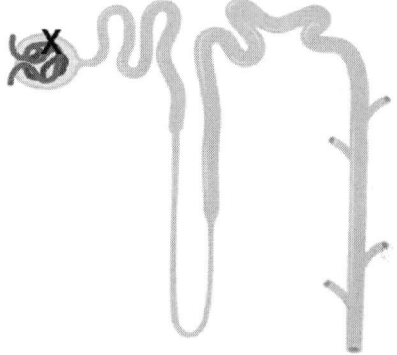

Imagen pregunta 10

11. ¿Qué zona anatómica de la nefrona es la marcada con una X?

a) Asa de Henle ascendente.
b) Túbulo contorneado distal.
c) Túbulo colector.
d) Asa de Henle descendente.

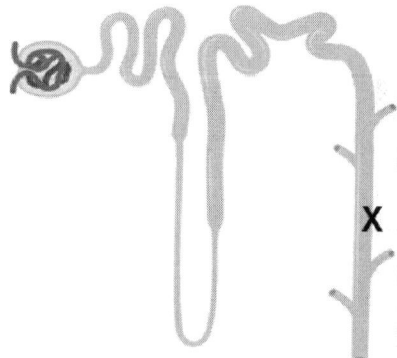

Imagen pregunta 11

12. ¿Qué tipos de estructuras no forman parte de la morfología interna del aparato genital masculino?

a) Testículos.
b) Los escrotos.
c) Glándulas seminales.
d) Todas las anteriores.

13. ¿La unión de qué conductos forman el conducto eyaculador?

a) La unión del conducto de la vesícula seminal y del conducto espermático.
b) La unión del conducto espermático y la uretra prostática.
c) La unión del conducto deferente y el conducto de la vesícula seminal.
d) La unión de la uretra prostática y de la uretra bulbar.

14. ¿Qué nombre recibe el tercio interno de la trompa de Falopio?

a) Infundíbulo.
b) Pabellón.
c) Istmo.
d) Cuerpo.

15. Todo lo que se dice de los ovarios es cierto, excepto que:

a) Se dividen en dos partes, a saber: la cortical, más interna y la medular, más externa.
b) Posee una forma comparable a una "almendra" de 4 cm de diámetro.
c) Se encuentran suspendidos en el abdomen por dos uniones: una externa, realizada por medio de las fimbrias de las trompas, y otra interna realizada por el ligamento del útero.
d) Son órganos pares y los primarios del aparato genital femenino.

16. ¿Qué estudio radiográfico se hace normalmente como previo a todo estudio más complejo del aparato urinario o/y reproductor?

a) Radiografía simple de abdomen en proyección AP en decúbito supino.
b) Radiografía simple de abdomen en proyección L en decúbito supino.
c) Radiografía AP de tórax.
d) Radiografía L de tórax.

17. ¿Qué vísceras son retroperitoneales?

a) Bazo e hígado.
b) Riñones y uréteres.
c) El recto y sigma.
d) Estómago y duodeno.

En MADTEST tienes **más preguntas de este tema,**

comentadas y argumentadas, y todos tus avances quedan registrados y se reflejan en el ranking.

¡**Supera tus límites con MADTEST!**

A continuación te presentamos algunos ejemplos de preguntas comentadas:

18. ¿Qué composición poseen la mayoría de los cálculos que se originan en las litiasis renales muchos de ellos visualizados mediante una radiografía simple de abdomen?

a) Oxalato de calcio.
b) Urato de calcio.
c) Fosfato cálcico.
d) Fosfato-amónico-magnésico.

Respuesta correcta: a) Oxalato de calcio.

La mayoría de cálculos en litiasis renales son de oxalato cálcico (60 a 70 %), seguidos por los de urato cálcico (10 a 15 %), y otros. La clínica que suelen dar es el cólico nefrítico.

19. ¿Qué longitud comparativa y situación espacial vertebral poseen los uréteres?

a) Van desde la vértebra D1 a S1.
b) Van desde la vértebra D2 a L2.
c) Van desde la vértebra L2 a L5.
d) Van desde la vértebra L1 a S3.

Respuesta correcta: c) Van desde la vértebra L2 a L5.

Los uréteres están localizados por delante de los extremos de las apófisis transversas desde la vértebra lumbar segunda (L2) a la vértebra lumbar quinta (L5), situándose por delante de la articulación sacroilíaca siguiendo un trayecto que se vuelve lateral a las espinas ilíacas y posteriormente haciéndose medial hasta la vejiga.

20. ¿Qué estructuras del aparato genitourinario son visibles normalmente en radiografía simple de abdomen?

a) Uretra.
b) Vasos abdominales.
c) Próstata.
d) Todos son invisibles.

Respuesta correcta: d) Todos son invisibles.

Son invisibles normalmente en radiografía simple de abdomen todas las estructuras del aparato genitourinario nombradas (la uretra, los vasos abdominales y la próstata). Asimismo, otras estructuras, como los uréteres, no suelen ser visibles.

Solución al test n.º 20

1. c) Aparato respiratorio, urinario, digestivo y la piel.

2. d) Vejiga, uretra y uréteres.

3. b) La uretra membranosa.

4. c) La porción abdominal.

5. a) Uréter izquierdo.

6. b) Pesan aproximadamente entre 200-300 g y tienen forma de habichuela o frijol.

7. c) Arteria renal.

8. b) La corteza y la zona glomerular.

9. b) Es la unidad anatomofuncional de los riñones.

10. b) Glomérulo.

11. c) Túbulo colector.

12. b) Los escrotos.

13. c) La unión del conducto deferente y el conducto de la vesícula seminal.

14. c) Istmo.

15. a) Se dividen en dos partes, a saber: la cortical, más interna y la medular, más externa.

16. a) Radiografía simple de abdomen en proyección AP en decúbito supino.

17. b) Riñones y uréteres.

18. a) Oxalato de calcio.

19. c) Van desde la vértebra L2 a L5.

20. d) Todos son invisibles.

Anatomía radiológica y técnicas de exploración del abdomen, con y sin medios de contraste. Factores de exposición: kilovoltaje, miliamperaje y tiempo de exposición

1. ¿Qué órgano abdominal no pertenece al aparato o sistema digestivo, al hepatobiliar, al urinario ni reproductor?

a) Páncreas.
b) Vejiga.
c) Próstata.
d) Bazo.

2. ¿Qué órgano de estos se localiza en la cavidad pélvica?

a) Próstata.
d) Ovarios.
a) Páncreas.
b) Son correctas a) y b).

3. ¿Cuál de las siguientes estructuras no es retroperitoneal?

a) Riñones.
b) Hígado.
c) Páncreas.
d) Duodeno.

4. ¿Qué víscera es subperitoneal?

a) Hígado.
b) Páncreas.
c) Útero.
d) Bazo.

5. ¿Por dónde pasa el plano horizontal superior, o transpilórico, que crea la división de la cara anterior del abdomen perpendicular a la línea media y a los otros dos verticales?

a) Se traza a nivel de los novenos cartílagos costales.
b) Se traza en el borde inferior de la primera vértebra lumbar.
c) Son correctas a) y b).
d) Son incorrectas a) y b).

6. ¿Qué nombre recibe el cuadrante abdominal marcado con una X?

a) Hipogastrio.
b) Epigastrio.
c) Hipocondrio.
d) Mesogastrio.

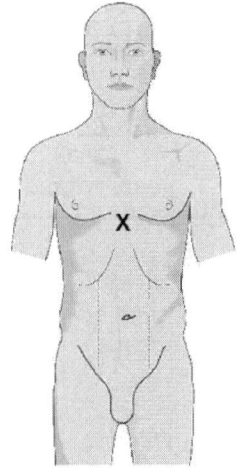

Imagen pregunta 6

7. ¿Qué estructura/estructuras anatómicas aloja el cuadrante abdominal marcado con una X?

a) Colon ascendente y la mayor parte del riñón derecho.
b) Parte del íleon, válvula íleo-cecal, ciego y apéndice.
c) Colon descendente y la mayoría del riñón izquierdo.
d) Parte del íleon y del sigma, vejiga urinaria y recto.

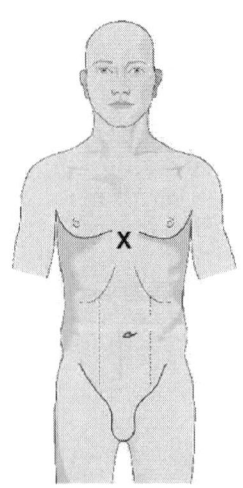

Imagen pregunta 7

8. ¿Qué partes óseas no deben visualizarse en una radiografía simple de abdomen?

a) Últimas costillas.
b) Últimas vértebras dorsales.
c) La sínfisis del pubis.
d) Deben visualizarse todas las anteriores.

9. ¿Qué puede significar una modificación de la línea recta normal del psoas en una radiografía simple de abdomen?

a) Puede ser significativa de una variante anatómica.
b) Puede ser significativa de una secuela de un traumatismo muscular.
c) Puede ser significativa de una afección retroperitoneal.
d) Puede ser significativa de una afección intraperitoneal.

10. ¿Qué estructura anatómica se visualiza en una radiografía simple de abdomen como una sombra homogénea de densidad agua, localizada en el hipocondrio derecho, limitando su borde superior con el diafragma y su borde inferior estará representado por una línea oblicua que es visible a veces cuando se haya destacado por una línea grasa?

a) Bazo.
b) Vesícula biliar.
c) Páncreas.
d) Hígado.

11. ¿Qué estructura anatómica se visualiza en una radiografía simple de abdomen en bipedestación como una burbuja llena de aire por debajo del diafragma izquierdo?

a) Duodeno.
b) Yeyuno.
c) Estómago.
d) Cabeza del páncreas.

12. ¿Qué estructura y sus partes no deben visualizarse con calidad en una radiografía simple de abdomen (sin contraste)?

a) Haustras.
b) Riñones.
c) Uréteres.
d) Sigma.

13. ¿Cuándo es posible ver la vejiga urinaria en una radiografía simple de abdomen (sin contraste)?

a) No es posible verla.
b) Cuando ha vaciado su contenido, al estar contraída.

c) Cuando está llena de orina, al estar distendida.
d) Cuando hay un pólipo en su pared.

14. ¿Qué órganos son visibles en una radiografía simple de abdomen (sin contraste)?

a) Próstata.
b) Vasos abdominales.
c) Útero o matriz.
d) Ninguno es visible.

15. ¿Cuál es la primera exploración radiológica que se realiza en el Servicio de Urgencias en caso de manifestaciones abdominales?

a) Radiografía PA de tórax.
b) Radiografías PA y L de tórax.
c) Radiografía simple de abdomen.
d) TC de abdomen.

16. ¿En qué situación patológica es imprescindible para su valoración una radiografía simple de abdomen?

a) En caso de sospecha de gastroenteritis aguda.
b) En caso de sospecha de abdomen agudo.
c) Son correctas la a) y la b).
d) Son incorrectas la a) y la b).

17. ¿Cuál suele ser la primera placa radiográfica simple que le prescriben al paciente o esta junto a otras, por una clínica de dolor abdominal, estreñimiento, síntomas urinarios o dolor de espalda, con la finalidad de identificar o tener una idea de su origen?

a) AP de abdomen en bipedestación.
b) L de abdomen.
c) AP de abdomen en decúbito lateral, con el rayo horizontal.
d) AP de abdomen en decúbito supino.

En MADTEST tienes **más preguntas de este tema,**

comentadas y argumentadas, y todos tus avances quedan registrados y se reflejan en el ranking.

¡Supera tus límites con MADTEST!

A continuación te presentamos algunos ejemplos de preguntas comentadas:

18. ¿Cuál de las siguientes proyecciones no se realiza en un estudio radiológico ante la sospecha de abdomen agudo?

a) PA de tórax.
b) AP de abdomen en decúbito supino.
c) AP de abdomen en bipedestación o en decúbito lateral.
d) L de abdomen en decúbito supino.

Respuesta correcta: d) L de abdomen en decúbito supino.

Ante la sospecha de abdomen agudo se realiza un estudio radiológico de urgencia que consta de tres proyecciones: AP de abdomen en decúbito supino, AP de abdomen en bipedestación o en decúbito lateral y la PA de tórax. No entra dentro del estudio de urgencia la L de abdomen en decúbito supino.

19. ¿En qué proyecciones simple de abdomen se pueden observar niveles aire-líquido/ hidro-aéreo?

a) AP de abdomen en bipedestación.
b) AP de abdomen en decúbito lateral.
c) Son correctas la a) y la b).
d) Son incorrectas la a) y la b).

Respuesta correcta: c) Son correctas la a) y la b).

Entre las proyecciones que se realizan en un estudio radiológico de urgencia, la AP de abdomen en bipedestación y la proyección de abdomen decúbito lateral, son las que nos permiten poner de manifiesto la existencia de gas libre en la cavidad abdominal o de niveles hidroaéreos.

20. ¿A qué estructuras están asociadas las líneas grasas que se observan en las radiografías simples de abdomen?

a) A los músculos abdominales.
b) A los vasos sanguíneos.
c) A los órganos abdominales.
d) Al tubo digestivo (estómago, bulbo duodenal, intestino y recto).

Respuesta correcta: a) A los músculos abdominales.

Entre las densidades grasas que se observan en las radiografías simples de abdomen, cabe resaltar aquellas asociadas a los músculos abdominales, que genera líneas en la imagen (líneas grasas). También hay otras densidades grasas que generalmente se corresponden a la grasa que rodea a las vísceras.

Solución al test n.º 21

1. d) Bazo.

2. a) Próstata.

3. b) Hígado.

4. c) Útero.

5. c) Son correctas a) y b).

6. b) Epigastrio.

7. d) Parte del íleon y del sigma, vejiga urinaria y recto.

8. d) Deben visualizarse todas las anteriores.

9. c) Puede ser significativa de una afección retroperitoneal.

10. d) Hígado.

11. c) Estómago.

12. c) Uréteres.

13. c) Cuando está llena de orina, al estar distendida.

14. d) Ninguno es visible.

15. c) Radiografía simple de abdomen.

16. b) En caso de sospecha de abdomen agudo.

17. d) AP de abdomen en decúbito supino.

18. d) L de abdomen en decúbito supino.

19. c) Son correctas la a) y la b).

20. a) A los músculos abdominales.

Anatomía radiológica y técnicas de exploración de la mama. Factores de exposición: kilovoltaje, miliamperaje y tiempo de exposición

1. ¿Qué afirmación no es correcta de las mamas?

a) Las mamas generalmente son dos, y simétricas.
b) Las mamas son glándulas de secreción mixta.
c) Se encuentran situadas en la parte media del tórax a ambos lados del esternón situada entre el pectoral mayor y el serrato mayor.
d) Se las consideras el depósito mayor de grasa del organismo.

2. ¿Entre qué músculos se encuentran las mamas?

a) Entre el pectoral menor y el pectoral mayor.
b) Entre el pectoral menor y los subclavios.
c) Entre el pectoral mayor y el serrato mayor.
d) Entre el pectoral mayor y los adductores medianos.

3. ¿Dónde se localizan las glándulas de Montgomery?

a) En la parte inferior de la mama.
b) En la base de la mama.
c) En la areola de la mama.
d) En los conductos galactóforos.

4. ¿Qué afirmación es cierta de la estructura interna de la mama?

a) Esencialmente las mamas está compuesta exclusivamente por tejido glandular adiposo.
b) El tejido graso aparece por su menor densidad en mamografía menos brillante (más oscuro).
c) Quien da forma exclusivamente a las mamas son los ligamentos de Cooper.
d) El tejido adiposo se encuentra alrededor de toda la mama, debajo de la piel y formando el espacio retromamario por detrás justo del músculo pectoral mayor.

5. Indica qué estructura anatómica de la mama es la marcada con una X.

a) Pezón.
b) Areola.
c) Conductos galactóforos.
d) Acinos mamarios.

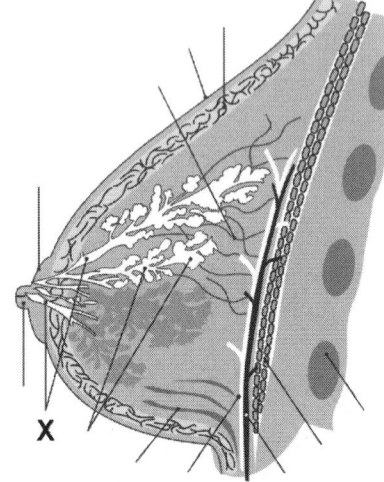

Imagen pregunta 5

6. ¿Qué otro nombre recibe la arteria mamaria externa?

a) Arteria torácica inferior.
b) Arteria torácica lateral.
c) Arteria torácica superior.
d) Arteria torácica media.

7. ¿Qué estructura anatómica es la marcada con una X en esta mamografía?

a) Tejido fibroglandular (tejido mamario).
b) Tejido adiposo o graso.
c) Piel de la mama.
d) Vasos sanguíneos.

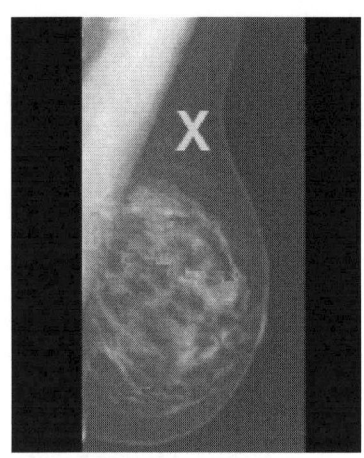

Imagen pregunta 7

8. ¿Qué estructura anatómica es la marcada con una X en esta mamografía?

a) Piel de la mama.
b) Pectoral mayor.
c) Tejido fibroglandular (tejido mamario).
d) Tejido adiposo o graso.

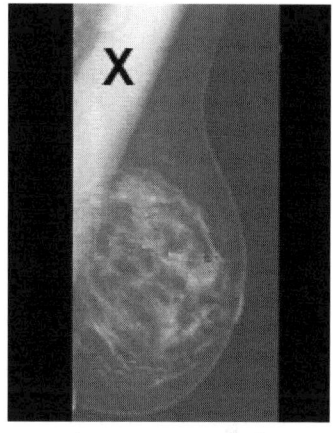

Imagen pregunta 8

9. ¿Qué estructura anatómica es la marcada con una X en esta mamografía?

a) Ganglio.
b) Vena.
c) Tejido fibroglandular (tejido mamario).
d) Ligamento de Cooper.

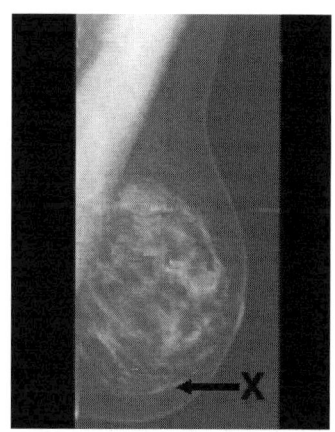

Imagen pregunta 9

10. ¿Cómo se llama la secreción mamaria que presentan algunos recién nacidos?

a) Mala leche.
b) Leche de brujas.
c) Leche del recién nacido.
d) Son correctas la a) y la c).

11. ¿Cada cuánto tiempo y en qué momento una mujer desde los 18 años debe hacerse una autoexploración de mama?

a) Cada mes, y una semana después del inicio de la menstruación.
b) Cada mes, y una semana antes del inicio de la menstruación.
c) Cada trimestre, y una semana después del inicio de la menstruación.
d) Cada trimestre, y una semana antes del inicio de la menstruación.

12. A partir de los 50 años las mamografías deben hacerse:

a) Semestralmente.
b) Anual o bianualmente.
c) Bianualmente, o cuando quiera el médico si es de alto riesgo.
d) Anualmente, o cuando quiera el médico si es de alto riesgo.

13. ¿Qué ánodo es el más utilizado en los tubos de rayo de los mamógrafos?

a) Torio.
b) Tecnecio.
c) Wolframio.
d) Molibdeno.

14. ¿Qué tipo de rejillas se utilizan en mamografía y qué relación poseen?

a) Móviles, y de una relación 6:1 o 7:1 enfocadas a la DFI.
b) Móviles, y de una relación 4:1 o 5:1 enfocadas a la DFI.
c) Fijas, y de una relación 6:1 o 7:1 enfocadas a la DFI.
d) Fijas, y de una relación 4:1 o 5:1 enfocadas a la DFI.

15. ¿Cuál es el motivo del empleo de rejillas en la mamografía?

a) Se debe al empleo de bajo kV en la técnica.
b) Se debe al empleo del escaso mAs.
c) Se debe a la mejora de contraste, aunque se aumente la dosis a la paciente.
d) Se debe a la mejora de contraste, minimizando la dosis a la paciente.

16. ¿Qué técnica/maniobra se aplica para las pacientes con prótesis mamaria, consistente en separar el tejido mamario del material protésico, para evitar que se artefacte el estudio?

a) Se aplicará la técnica/maniobra de Heimlich.
b) Se aplicará la técnica/maniobra de Rosemberg.
c) Se aplicará la técnica/maniobra de Valsalva.
d) Se aplicará la técnica/maniobra de Eklund.

17. ¿Qué proyección/proyecciones se hace/n hoy día en los estudios de *screening* de mama en la actualidad?

a) Se realiza proyección oblicua medio lateral (OML).
b) Se realiza dos proyecciones, OML y cráneo-caudal.
c) Dos proyecciones, anterior y oblicua medio lateral (OML).
d) Dos proyecciones, cráneo-caudal y la magnificada.

En MADTEST tienes **más preguntas de este tema,**

comentadas y argumentadas, y todos tus avances quedan registrados y se reflejan en el ranking.

¡Supera tus límites con MADTEST!

A continuación te presentamos algunos ejemplos de preguntas comentadas:

18. ¿Qué proyección es muy útil en lesiones de microcalcificaciones ya que se puede identificar muy claramente su forma, número y densidad?

a) Proyección de Valle.
b) OML.
c) Proyecciones craneocaudal y lateral.
d) Proyección magnificada.

Respuesta correcta: d) Proyección magnificada.

La proyección magnificada es muy útil en lesiones de microcalcificaciones ya que se puede identificar muy claramente su forma, número y densidad.

19. En las mamografías magnificadas tenemos que:

a) Acercar la mama al foco.
b) Acercar la mama al receptor de imagen.
c) Sentar a la paciente.
d) No hacer compresión sobre la mama.

Respuesta correcta: a) Acercar la mama al foco.

La proyección magnificada se realiza para ver aumentada una lesión. El compresor utilizado es diferente al de las demás proyecciones y se usa un elemento especial que se coloca sobre el soporte de mama para alejar esta del receptor de imagen y acercarla más al tubo (o foco) para obtener la magnificación. Solo se comprime la zona de la lesión.

20. ¿Qué técnica intervencionista citológica (no histológica) es corriente en ecografía mamaria?

a) Un PAAF.
b) Un tru-cut.
c) Una mamografía.
d) Una mamografía magnificada.

Respuesta correcta: a) Un PAAF.

La ecografía intervencionista es muy usada para el diagnóstico y tratamiento en lesiones mamarias; con ella podemos realizar citologías de lesiones como nódulos sólidos y quistes (líquidos); a la técnica empleada en estos estudios se la denomina PAAF.

Solución al test n.º 22

1. b) Las mamas son glándulas de secreción mixta.

2. c) Entre el pectoral mayor y el serrato mayor.

3. c) En la areola de la mama.

4. b) El tejido graso aparece por su menor densidad en mamografía menos brillante (más oscuro).

5. c) Conductos galactóforos.

6. a) Arteria torácica inferior.

7. b) Tejido adiposo o graso.

8. b) Pectoral mayor.

9. d) Ligamento de Cooper.

10. b) Leche de brujas.

11. a) Cada mes, y una semana después del inicio de la menstruación.

12. d) Anualmente, o cuando quiera el médico si es de alto riesgo.

13. d) Molibdeno.

14. b) Móviles, y de una relación 4:1 o 5:1 enfocadas a la DFI.

15. c) Se debe a la mejora de contraste, aunque se aumente la dosis a la paciente.

16. d) Se aplicará la técnica/maniobra de Eklund.

17. b) Se realiza dos proyecciones, OML y cráneo-caudal.

18. d) Proyección magnificada.

19. a) Acercar la mama al foco.

20. a) Un PAAF.

Radiología del sistema biliar. Colecistografía oral. Colagiografía intravenosa. Factores de exposición: kilovoltaje, miliamperaje y tiempo de exposición

1. ¿Cuál es la función principal del conducto cístico dentro del sistema biliar?

a) Conducir la bilis directamente desde el hígado al duodeno.
b) Comunicar la vesícula biliar con el conducto colédoco para el paso de bilis.
c) Almacenar la bilis producida por el hígado.
d) Secretar enzimas digestivas hacia el intestino delgado.

2. ¿Qué arteria del tramo digestivo nace en el triángulo de Calot?

a) Hepática derecha.
b) Esplénica.
c) Hepática izquierda.
d) Pancreática.

3. En ocasiones, la vesícula puede estar unida al hígado por un mesenterio largo que se denomina:

a) Vesícula biliar flotante.
b) Vesícula fija.
c) Vesícula contraída.
d) Vesícula biliar superior.

4. ¿Por qué el páncreas es una glándula mixta? Es mixta porque segrega...

a) Hormonas.
b) Bilis.
c) Jugo pancreático y bilis.
d) Hormonas y jugo pancreático.

5. ¿A qué tipo de estudio radiográfico hace referencia una colangiografía? Hace referencia a estudios radiológicos de…

a) Vesícula biliar con contraste.
b) Vesícula biliar sin contraste.
c) Conductos biliares (vías biliares extrahepáticas) con contraste.
d) Vías biliares intrahepáticas con contraste.

6. ¿Qué proyección es la más utilizada para el estudio de la vesícula biliar (colecistografía)?

a) Posteroanterior.
b) Decúbito lateral derecho y bipedestación.
c) Oblicuas anterior izquierda en decúbito.
d) Todas son correctas.

7. ¿Cuál de estas circunstancias contraindica una colecistografía?

a) Existencia de cálculos en la vesícula (colelitiasis).
b) Síndrome de mala absorción.
c) Estenosis o estrechamiento de las vías biliares.
d) Inflamación aguda de la vesícula biliar (colecistitis).

8. ¿Cómo se llama el estudio radiológico de las vías biliares con introducción de un medio de contraste yodado por vía intravenosa?

a) Colangiografía intravenosa.
b) Colangiografía oral.
c) Colelitiasis.
d) Colédocoscopia.

9. ¿Cuánto tiempo aproximadamente se tarda en obtener imágenes del colédoco en la colangiografía intravenosa desde la inyección del contraste? A los…

a) 5 minutos.
b) 10 minutos.
c) 30 minutos.
d) 60 minutos.

10. ¿Qué requisito de estos debe cumplirse para obtener colecistografías de buena calidad técnica?

a) El área de exploración debe estar colimada de manera ancha.
b) El intensificador debe estar limpio y sin defectos.
c) El foco del tubo de rayos X debe ser grande.
d) Todas son correctas.

11. ¿Cómo se denomina el procedimiento combinado con rayos X y endoscopio, que permitirá al médico diagnosticar los problemas de la vesícula biliar y conductos biliares, y del páncreas?

a) Colangiopancreatografía endoscópica anterógrada.
b) Endoscopia.
c) Colangio endoscópica.
d) Colangiopancreatografía retrógrada endoscópica.

12. ¿Por dónde se introduce el contraste en la colangiopancreatografía retrógrada endoscópica? Se introduce…

a) Vía oral.
b) Intravenosa.
c) Por la ampolla de Vater.
d) Nada de lo anterior es cierto.

13. La exploración ecográfica permite la visualización de la vesícula biliar en el:

a) 100 % de los casos.
b) 80 % de los casos.
c) 75 % de los casos.
d) 95 % de los casos.

14. En ecografía, en el interior de la vesícula se puede ver un material ecogénico denominado:

a) Barro biliar.
b) Cálculo biliar.
c) Apéndice biliar.
d) Todas son incorrectas.

15. ¿Qué función realiza la vesícula biliar antes de liberar la bilis al duodeno?

a) Secretar enzimas digestivas.
b) Concentrar y almacenar la bilis.
c) Producir sales biliares.
d) Filtrar la sangre.

16. ¿Cuál es la unidad anatomofuncional del hígado?

a) Lobulillo hepático.
b) Sinusoide hepático.
c) Espacio porta.
d) Trabécula hepática.

17. ¿Qué células hepáticas son fagocitos del sistema retículo endotelial?

a) Células beta.
b) Células alfa.
c) Células endoteliales.
d) Células de Kupffer.

En MADTEST tienes **más preguntas de este tema,**

comentadas y argumentadas, y todos tus avances quedan
registrados y se reflejan en el ranking.

¡Supera tus límites con MADTEST!

A continuación te presentamos algunos ejemplos de preguntas comentadas:

18. ¿Cuál es el conducto pancreático principal?

a) Conducto cístico.
b) Conducto accesorio.
c) Conducto de Wirsung.
d) Conducto hepático común.

Respuesta correcta: c) Conducto de Wirsung.

El conducto de Wirsung transporta el jugo pancreático desde la cola del páncreas hasta la ampolla de Vater, donde se une al colédoco para verter su contenido en el duodeno.

19. ¿Qué enzima pancreática actúa sobre los carbohidratos?

a) Amilasa pancreática.
b) Lipasa pancreática.
c) Tripsina.
d) Quimiotripsina.

Respuesta correcta: a) Amilasa pancreática.

La amilasa pancreática hidroliza almidones y otros carbohidratos complejos, facilitando su conversión en azúcares más simples para su absorción intestinal.

20. ¿Qué estructura une la vesícula biliar con el conducto hepático común?

a) Colédoco.
b) Conducto cístico.
c) Conducto pancreático.
d) Conducto de Santorini.

Respuesta correcta: b) Conducto cístico.

El conducto cístico permite el paso de bilis entre la vesícula biliar y el conducto hepático común, formando junto a este último el colédoco.

Solución al test n.º 23

1. b) Comunicar la vesícula biliar con el conducto colédoco para el paso de bilis.

2. a) Hepática derecha.

3. a) Vesícula biliar flotante.

4. d) Hormonas y jugo pancreático.

5. c) Conductos biliares (vías biliares extrahepáticas) con contraste.

6. c) Oblicuas anterior izquierda en decúbito.

7. b) Síndrome de mala absorción.

8. a) Colangiografía intravenosa.

9. c) 30 minutos.

10. b) El intensificador debe estar limpio y sin defectos.

11. d) Colangiopancreatografía retrógrada endoscópica.

12. c) Por la ampolla de Vater.

13. d) 95 % de los casos.

14. a) Barro biliar.

15. b) Concentrar y almacenar la bilis.

16. a) Lobulillo hepático.

17. d) Células de Kupffer.

18. c) Conducto de Wirsung.

19. a) Amilasa pancreática.

20. b) Conducto cístico.

TEST N.º 24

Anatomía radiológica y técnicas de exploración del tracto digestivo superior. Factores de exposición: kilovoltaje, miliamperaje y tiempo de exposición

1. ¿Qué órganos pertenecen al tracto digestivo superior?

a) Esófago y estómago.
b) Orofaringe, esófago y estómago.
c) Boca, orofaringe, esófago y estómago.
d) Boca, orofaringe, esófago, estómago y duodeno.

2. ¿Cómo se denominan los pliegues peritoneales que unen una víscera con otra?

a) Ligamentos.
b) Mesenterio.
c) Epiplón.
d) Ninguna de las respuestas anteriores es correcta.

3. ¿Qué otros huesos además de los palatinos conforman el paladar duro de la boca?

a) Hueso vómer.
b) Huesos maxilares.
c) Huesos unguis.
d) Huesos malares.

4. ¿Qué papilas linguales son las más numerosas?

a) Las papilas filiformes.
b) Las papilas caliciformes.
c) Las papilas fungiformes.
d) Las papilas foliadas.

5. ¿Con qué estructura se relaciona la faringe en sentido caudal y posterior?

a) Se relaciona con las trompas de Eustaquio.
b) Se relaciona con las coanas.
c) Se relaciona con el esófago.
d) Se relaciona con la laringe.

6. ¿Cómo se denomina el orificio del diafragma por el que pasa el esófago?

a) Atrio.
b) Hiato.
c) Cardias.
d) Pórtico.

7. ¿Qué zona anatómica en este esofagograma en distintas fases es la marcada con una X?

a) Esófago.
b) Estómago.
c) Diafragma.
d) Hiato esofágico.

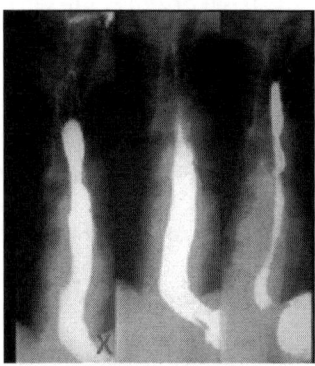

Imagen pregunta 7

8. ¿Qué zona anatómica en este esofagograma en distintas fases es la marcada con una Y?

a) Esófago.
b) Diafragma.
c) Hiato esofágico.
d) Estómago.

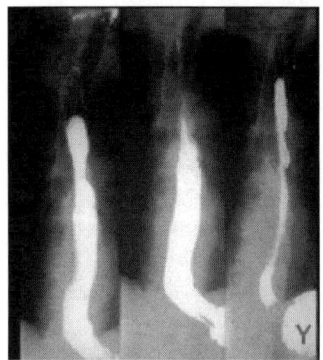

Imagen pregunta 8

9. ¿Qué es realmente lo que se observa en una radiografía lateral de tórax llamada _banda traqueal posterior_?

a) El margen anterior de la pared posterior del esófago cuando se encuentra ocupado de aire.
b) El margen posterior de la pared anterior del esófago cuando se encuentra ocupado de aire.
c) El margen posterior de la pared anterior de la laringe.
d) El margen anterior de la pared posterior de la laringe.

10. ¿Qué zona anatómica en este estudio gastroduodenal es la marcada con una X?

a) Fundus.
b) Cuerpo del estómago.
c) Antro.
d) Bulbo duodenal.

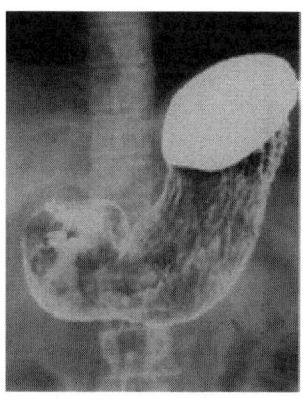

Imagen pregunta 10

11. ¿Qué zona anatómica en este estudio gastroduodenal es la marcada con una Y?

a) Antro.
b) Bulbo duodenal.
c) Cuerpo del estómago.
d) Fundus.

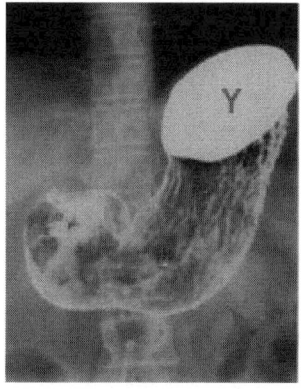

Imagen pregunta 11

12. ¿Qué se puede visualizar a nivel gástrico al realizar un estudio de doble contraste (bario y gas)?

a) El fundus, el antro y el píloro.
b) El fundus, el cuerpo y el píloro.
c) Ambas curvaturas, el antro y el píloro.
d) Ambas curvaturas, el fundus y el cuerpo del estómago además del antro y el píloro.

13. ¿Qué estudio radiográfico se realizará para poder visualizar el duodeno y en qué posición se efectúa?

a) Un estudio seriado con contraste de sulfato de bario y en posición de decúbito supino.
b) Un estudio de doble contraste y en posición oblicua anterior.
c) Son correctas a) y b).
d) Son incorrectas a) y b).

14. ¿Cuál es la proyección radiográfica idónea para el examen del tracto superior del tubo digestivo?

a) Proyección AP en decúbito supino.
b) Proyección AP en bipedestación.
c) Proyección L en decúbito supino.
d) Proyección AP en decúbito lateral, con el rayo horizontal.

15. ¿Qué afirmación es incorrecta respecto a los criterios de calidad que deben cumplirse en una proyección AP en decúbito supino de abdomen?

a) La pelvis, la columna lumbar y las últimas costillas deben observarse sin rotación.
b) La columna vertebral debe quedar en el centro de la radiografía.
c) Las apófisis espinosas no han de quedar superpuestas en el centro de los cuerpos vertebrales.
d) Deben observarse partes blandas como el bazo, los riñones, la musculatura del psoas y el reborde inferior hepático.

16. ¿Qué objetivo se persigue con la técnica de doble contraste en estudios digestivos?

a) Que se visualicen solo los contornos de la luz del órgano.
b) Que se visualice la lesión: estenosis o dilatación.
c) Que se visualice la mucosa del tubo digestivo objeto de estudio.
d) Todos los anteriores.

17. ¿Qué tipo de estudio digestivo es el de la imagen?

a) Tránsito intestinal.
b) Enema opaco.
c) Esofagograma.
d) Serie gastrointestinal (GI).

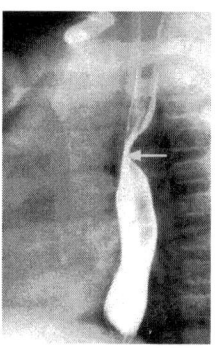

Imagen pregunta 17

En MADTEST tienes **más preguntas de este tema,**

comentadas y argumentadas, y todos tus avances quedan
registrados y se reflejan en el ranking.

¡Supera tus límites con MADTEST!

A continuación te presentamos algunos ejemplos de preguntas comentadas:

18. ¿Con qué contraste se suelen hacer los estudios seriados gastrointestinales (GI)?

a) Suspensión de bario por vía IV.
b) Suspensión de bario por vía oral.
c) Compuesto yodado hidrosoluble por vía IV.
d) Compuesto yodado hidrosoluble por vía oral.

Respuesta correcta: b) Suspensión de bario por vía oral.

En los estudios seriados gastrointestinales (GI) se suele emplear como medio de contraste *bario por vía oral*, bien *en forma de suspensión* que puede venir preparada y lista
para tomar o bien se presentará en forma de polvo que mezclaremos con agua fría.

**19. ¿Por dónde pasa el rayo central aproximadamente en un estudio seriado gastro-
intestinal (GI) en la proyección OPA derecha seriográfica?**

a) Zona media Interclavicular.
b) L2.

c) C5.
d) D8.

Respuesta correcta: b) L2.

Se hace un estudio seriado gastrointestinal (GI) en la proyección OPA derecha serio-gráfica para para ver el paso del contraste del esófago al estómago. También se pue-de observar en esta posición el canal pilórico y el bulbo duodenal. Y el rayo central en esta proyección pasa nivel de *L2* aproximadamente.

20. ¿A la altura de qué vértebra se inicia el esófago?

a) A nivel de L2.
b) A nivel de C2.
c) A nivel de C6.
d) A nivel de D8.

Respuesta correcta: c) A nivel de C6.

El esófago se extiende por todo el cuello y por detrás del tórax en el mediastino poste-rior hasta llegar al abdomen más alto pero ya por delante, habiendo atravesado previa-mente el diafragma a través del hiato. Y se inicia en la C6, extendiéndose hasta la D11.

Solución al test n.º 24

1. c) Boca, orofaringe, esófago y estómago.

2. c) Epiplón.

3. b) Huesos maxilares.

4. a) Las papilas filiformes.

5. c) Se relaciona con el esófago.

6. b) Hiato.

7. c) Diafragma.

8. d) Estómago.

9. b) El margen posterior de la pared anterior del esófago cuando se encuentra ocupado de aire.

10. c) Antro.

11. d) Fundus.

12. d) Ambas curvaturas, el fundus y el cuerpo del estómago además del antro y el píloro.

13. b) Un estudio de doble contraste y en posición oblicua anterior.

14. a) Proyección AP en decúbito supino.

15. c) Las apófisis espinosas no han de quedar superpuestas en el centro de los cuerpos vertebrales.

16. c) Que se visualice la mucosa del tubo digestivo objeto de estudio.

17. c) Esofagograma.

18. b) Suspensión de bario por vía oral.

19. b) L2.

20. c) A nivel de C6.

Anatomía radiológica y técnicas de exploración del tracto digestivo inferior. Factores de exposición: kilovoltaje, miliamperaje y tiempo de exposición

1. ¿Cuál de los siguientes órganos forma parte del intestino grueso?

a) Duodeno.
b) Íleon.
c) Yeyuno.
d) Ciego.

2. ¿Cuál de las siguientes células intestinales produce moco?

a) Células de Paneth.
b) Células caliciformes.
c) Células madres.
d) Células enteroendocrinas.

3. ¿Cómo se denomina el pliegue mucoso que separa el íleon del ciego?

a) Válvula ileocecal o de Bauhin.
b) Ampolla de Vater.
c) Esfínter anal.
d) Válvula de Kerckring.

4. ¿Cuál de las siguientes partes corresponde al intestino delgado?

a) Ciego.
b) Colon transverso.
c) Yeyuno.
d) Recto.

5. ¿Cuál es la longitud aproximada del intestino delgado en un adulto?

a) 6 metros.
b) 3 metros.
c) 9 metros.
d) 1,5 metros.

6. ¿Qué parte del intestino grueso se caracteriza por ser flexuosa y dirigirse hacia el sacro?

a) Colon ascendente.
b) Colon transverso.
c) Recto.
d) Colon sigmoideo.

7. ¿Qué nombre recibe el epitelio de transición que se encuentra en el ano?

a) Epitelio cúbico simple.
b) Epitelio escamoso queratinizado.
c) Epitelio plano no queratinizado.
d) Epitelio cilíndrico ciliado.

8. ¿Qué nombre reciben las formaciones saculares del colon?

a) Apéndices epiploicos.
b) Pliegues de Morgagni.
c) Haustras.
d) Criptas de Lieberkühn.

9. ¿Qué estructura anatómica fija al intestino delgado a la pared posterior del abdomen?

a) Epiplón mayor.
b) Ligamento gastrohepático.
c) Mesenterio.
d) Mesocolon.

10. ¿Cuál es la longitud aproximada del intestino grueso en el adulto?

a) 1,5 metros.
b) 3 metros.
c) 6 metros.
d) 80 cm.

11. ¿Qué tipo de contraste es más adecuado en caso de sospecha de obstrucción colónica?

a) Contraste iodado hidrosoluble.
b) Aire.
c) Agua oxigenada.
d) Bario.

12. ¿Qué posición es ideal para observar un posible neumoperitoneo libre en una proyección lateral?

a) Decúbito supino.
b) Decúbito lateral izquierdo.
c) Prono.
d) Bipedestación.

13. ¿Qué nombre recibe la técnica que permite estudiar el proceso de la defecación mediante imagen?

a) Enema opaco.
b) Defecografía.
c) Resonancia funcional.
d) Enteroclisis.

14. ¿Qué estructura peritoneal conecta el estómago con el hígado?

a) Mesocolon.
b) Ligamento hepatorrenal.
c) Epiplón gastrohepático.
d) Epiplón mayor.

15. ¿Qué pliegues mucosos del intestino delgado aumentan la superficie de absorción?

a) Pliegues de Morgagni.
b) Tenias.
c) Válvulas conniventes.
d) Haustras.

16. ¿Cuál de las siguientes afirmaciones sobre el duodeno es correcta?

a) Es la única parte fija del intestino delgado.
b) Es la porción más larga del intestino delgado.
c) Se encuentra entre el yeyuno y el íleon.
d) No está revestido por serosa.

17. ¿Qué función tienen las células de Paneth del intestino delgado?

a) Absorber nutrientes.
b) Producir moco.
c) Segregar enzimas digestivas.
d) Fagocitar y defender frente a bacterias.

En MADTEST tienes **más preguntas de este tema,**

comentadas y argumentadas, y todos tus avances quedan registrados y se reflejan en el ranking.

¡Supera tus límites con MADTEST!

A continuación te presentamos algunos ejemplos de preguntas comentadas:

18. ¿Qué estructura del colon está libre de haustras?

a) Colon ascendente.
b) Colon transverso.
c) Sigma.
d) Recto.

Respuesta correcta: d) Recto.

A diferencia de otras porciones del colon que presentan haustras (dilataciones saculares), el recto es una estructura rectilínea sin estas características, lo que permite su función de reservorio final antes de la evacuación. Esta diferencia es clave para su reconocimiento en imagen radiológica.

19. ¿Qué nombre reciben los pliegues longitudinales de la mucosa anal?

a) Pliegues de Kerckring.
b) Válvulas de Bauhin.
c) Columnas de Morgagni.
d) Criptas de Lieberkühn.

Respuesta correcta: c) Columnas de Morgagni.

Estos pliegues mucosos se encuentran en el canal anal, en la transición entre el epitelio intestinal y la piel perineal. Son estructuras normales visibles en estudios radiológicos como la defecografía y su alteración puede estar asociada a patologías como hemorroides o fisuras.

20. ¿Qué estructura peritoneal une el colon a la pared abdominal?

a) Mesenterio.
b) Epiplón menor.
c) Mesocolon.
d) Ligamento gastrohepático.

Respuesta correcta: c) Mesocolon.

El mesocolon es el pliegue peritoneal que une las distintas partes del colon (ascendente, transverso, descendente y sigmoide) a la pared abdominal posterior. Contiene vasos, nervios y linfáticos y su disección es relevante en cirugía oncológica del colon.

Solución al test n.º 25

1. d) Ciego.

2. b) Células caliciformes.

3. a) Válvula ileocecal o de Bauhin.

4. c) Yeyuno.

5. a) 6 metros.

6. d) Colon sigmoideo.

7. c) Epitelio plano no queratinizado.

8. c) Haustras.

9. c) Mesenterio.

10. a) 1,5 metros.

11. d) Bario.

12. b) Decúbito lateral izquierdo.

13. b) Defecografía.

14. c) Epiplón gastrohepático.

15. c) Válvulas conniventes.

16. a) Es la única parte fija del intestino delgado.

17. d) Fagocitar y defender frente a bacterias.

18. d) Recto.

19. c) Columnas de Morgagni.

20. c) Mesocolon.

TEST N.º 26

Arteriografía, flebografía y angiografía digital: técnicas de exploración radiológica. Factores de exposición: kilovoltaje, miliamperaje y tiempo de exposición

1. ¿Cuál es el objetivo principal de una arteriografía?

a) Visualizar el árbol arterial mediante contraste y rayos X.
b) Detectar alteraciones en la presión venosa central.
c) Diagnosticar enfermedades del miocardio.
d) Valorar el calibre de los linfáticos.

2. ¿Qué arteria se utiliza con mayor frecuencia para el acceso en arteriografías periféricas?

a) Arteria axilar.
b) Arteria braquial.
c) Arteria femoral común.
d) Arteria poplítea.

3. ¿Qué componente es indispensable en una angiografía digital?

a) Sonda endovenosa.
b) Sustracción de imagen.
c) Escáner helicoidal.
d) Mesa basculante.

4. ¿Cuál es el principal riesgo de la arteriografía cerebral?

a) Alergia al gadolinio.
b) Hipotensión severa.
c) Neumotórax.
d) Accidente isquémico transitorio.

5. ¿Cuál de las siguientes afirmaciones describe mejor la flebografía?

a) Estudio de las válvulas linfáticas.
b) Técnica que utiliza ultrasonidos exclusivamente.
c) Inyección de aire en el sistema venoso profundo.
d) Estudio radiológico del sistema venoso con contraste yodado.

6. ¿Qué contraindicación es común a la arteriografía y la flebografía?

a) Hipocalcemia.
b) Asma controlada.
c) Insuficiencia renal grave.
d) Fiebre baja.

7. ¿Cuál es el propósito del uso de una mesa basculante en angiografía digital?

a) Permitir drenaje venoso espontáneo.
b) Facilitar el llenado vascular por gravedad.
c) Mejorar la calidad del haz de rayos X.
d) Evitar el movimiento del paciente.

8. ¿Qué ventaja ofrece la angiografía digital frente a la convencional?

a) Mejora la visualización vascular al eliminar estructuras superpuestas.
b) No requiere medio de contraste.
c) Utiliza menor dosis de radiación en todos los casos.
d) No necesita acceso vascular.

9. ¿Qué parámetro debe monitorizarse durante una arteriografía?

a) Presión arterial.
b) Hematocrito.
c) Glucemia basal.
d) Volumen residual.

10. ¿Cuál es el principal uso clínico de la flebografía en miembros inferiores?

a) Detección de varices superficiales.
b) Valoración del retorno linfático.
c) Diagnóstico de trombosis venosa profunda.
d) Estudio del sistema arterial.

11. ¿Qué agente se emplea comúnmente como contraste en angiografía digital?

a) Gadolinio.
b) Aire.

c) Yodo orgánico no iónico.
d) Agua oxigenada.

12. ¿Cuál es la causa más frecuente de complicación vascular tras una arteriografía?

a) Disnea.
b) Hematoma en el sitio de punción.
c) Infarto agudo de miocardio.
d) Fractura de fémur.

13. ¿Qué ventaja presenta la angiografía digital biplano?

a) Utiliza menor cantidad de contraste.
b) Permite obtener imágenes en dos planos simultáneos.
c) No requiere medio de contraste.
d) Reemplaza la ecografía Doppler.

14. ¿Qué estructura anatómica se explora mediante la portografía?

a) Arterias cerebrales.
b) Sistema venoso esplenoportal.
c) Arterias coronarias.
d) Linfáticos intestinales.

15. ¿Qué tipo de catéter se emplea frecuentemente en arteriografía selectiva?

a) Catéter de balón.
b) Catéter de drenaje.
c) Catéter tipo cobra o pigtail.
d) Catéter intravenoso periférico.

16. ¿Qué procedimiento previo es imprescindible antes de realizar una arteriografía?

a) Punción lumbar.
b) Ingesta de líquidos abundantes.
c) Consentimiento informado firmado.
d) Ayuno absoluto durante 24 horas.

17. ¿Qué complicación neurológica puede aparecer durante una angiografía cerebral?

a) Hematoma retroperitoneal.
b) Ceguera bilateral permanente.
c) Embolismo cerebral transitorio.
d) Hipotermia súbita.

En MADTEST tienes **más preguntas de este tema,**

comentadas y argumentadas, y todos tus avances quedan registrados y se reflejan en el ranking.

¡Supera tus límites con MADTEST!

A continuación te presentamos algunos ejemplos de preguntas comentadas:

18. ¿Qué técnica permite guiar de forma precisa el avance del catéter durante una arteriografía?

a) Manometría intraarterial.
b) Ecografía Doppler.
c) Fluoroscopia en tiempo real.
d) RM funcional.

Respuesta correcta: c) Fluoroscopia en tiempo real.

La fluoroscopia es esencial en angiografía porque permite ver el trayecto del catéter en tiempo real mientras se avanza por la anatomía vascular. Además, permite observar la distribución del contraste y detectar complicaciones como espasmos o extravasaciones.

19. ¿Cuál de los siguientes hallazgos se considera normal tras una arteriografía femoral?

a) Pulsos pedios ausentes.
b) Hematoma profundo de muslo.
c) Dolor leve en el punto de punción.
d) Hematuria persistente.

Respuesta correcta: c) Dolor leve en el punto de punción.

Es habitual que tras una arteriografía el paciente refiera cierta molestia en el sitio de punción femoral, especialmente si se ha mantenido en decúbito prolongado. No obstante, deben vigilarse signos de complicación como hematoma extenso, sangrado activo o ausencia de pulsos distales.

20. ¿Qué técnica se utiliza como alternativa a la flebografía en el estudio de las venas profundas?

a) Tomografía simple.
b) Ecografía Doppler.

c) Resonancia con gadolinio.
d) Biopsia venosa.

Respuesta correcta: b) Ecografía Doppler.

La ecografía Doppler ha sustituido en la mayoría de los casos a la flebografía como primera técnica para el estudio de trombosis venosa profunda. Es no invasiva, económica y permite evaluar en tiempo real el flujo sanguíneo y la compresibilidad venosa.

Solución al test n.º 26

1. a) Visualizar el árbol arterial mediante contraste y rayos X.

2. c) Arteria femoral común.

3. b) Sustracción de imagen.

4. d) Accidente isquémico transitorio.

5. d) Estudio radiológico del sistema venoso con contraste yodado.

6. c) Insuficiencia renal grave.

7. b) Facilitar el llenado vascular por gravedad.

8. a) Mejora la visualización vascular al eliminar estructuras superpuestas.

9. a) Presión arterial.

10. c) Diagnóstico de trombosis venosa profunda.

11. c) Yodo orgánico no iónico.

12. b) Hematoma en el sitio de punción.

13. b) Permite obtener imágenes en dos planos simultáneos.

14. b) Sistema venoso esplenoportal.

15. c) Catéter tipo cobra o pigtail.

16. c) Consentimiento informado firmado.

17. c) Embolismo cerebral transitorio.

18. c) Fluoroscopia en tiempo real.

19. c) Dolor leve en el punto de punción.

20. b) Ecografía Doppler.

Angiografía cerebral. Técnica radiológica. Sus contraindicaciones

1. ¿Cuáles son las células de sostén en el sistema nervioso central (SNC)?

a) Las células de Schwann.
b) Las neuroglías.
c) Los fibrocitos nerviosos.
d) Las neuronas.

2. ¿Qué estructuras anatómicas constituyen el SNC?

a) Cerebro y cerebelo.
b) Cerebro, cerebelo y tronco del encéfalo.
c) Tronco del encéfalo y médula espinal.
d) Encéfalo y médula espinal.

3. ¿Qué meninge es la que está adherida al parénquima nervioso?

a) Duramadre.
b) Piamadre.
c) Todamadre.
d) Aracnoides.

4. ¿Qué afirmación respecto al SNC es correcta?

a) El tercer ventrículo se localiza en el rombencéfalo.
b) Los nervios que provienen de los hemisferios cerebrales se entrecruzan en el bulbo raquídeo.
c) La protuberancia se dispone por detrás del cerebelo.
d) La coordinación de los movimientos y el mantenimiento del equilibrio se llevan a cabo en el diencéfalo.

5. ¿Qué afirmación respecto al SNC es incorrecta?

a) El mesencéfalo conecta el puente troncoencefálico y el cerebelo con el diencéfalo.
b) El tálamo es una estación de relevo o centro intermedio de las vías sensitivas.
c) Los tubérculos cuadrigéminos se localizan en la parte posterior del mesencéfalo.
d) Los cuerpos geniculados son considerados partes del hipotálamo.

6. Con relación al encéfalo anterior, señala la respuesta verdadera:

a) El *hipotálamo* se localiza encima del tálamo.
b) El subtálamo incluye la epífisis o glándula pineal.
c) Los hemisferios cerebrales se componen de sustancia blanca a nivel cortical.
d) Todas son falsas.

7. ¿Qué afirmación respecto al SNC es incorrecta?

a) El lóbulo parietal se sitúa entre la cisura de Rolando y la parieto-occipital.
b) La sustancia gris solo está constituida por cuerpos neuronales.
c) Las áreas de Brodmann se localizan en la corteza cerebral.
d) Los lóbulos cerebrales están delimitados por las cisuras.

8. ¿Qué afirmación respecto al SNC es correcta?

a) Las últimas raíces raquídeas forman la cola de caballo.
b) En la médula espinal la sustancia gris se sitúa en el interior.
c) La médula espinal no está envuelta por las meninges.
d) Son correctas a) y b).

9. Todo lo expuesto respecto al SNC es cierto, excepto que:

a) Las fibras nerviosas son los axones y dendritas de las neuronas.
b) Los nervios periféricos están constituidos por fibras nerviosas rodeadas de tejido de sostén.
c) La médula espinal controla las actividades reflejas.
d) Los ganglios son agrupaciones de cuerpos neuronales de las fibras sensitivas de los nervios.

10. Con relación al sistema nervioso periférico, indica cuál de las siguientes afirmaciones es cierta:

a) El sistema nervioso periférico está constituido solo por el conjunto de nervios que emergen de la médula espinal.
b) Las funciones viscerales que tienen lugar automáticamente están reguladas por el sistema nervioso vegetativo.
c) Los nervios están constituidos por haces de fibras nerviosas envueltos por endoneuro.
d) La raíz anterior de los nervios raquídeos está constituida solo por fibras motoras.

11. Teniendo en cuenta el lugar de la sección de este corte axial de cráneo, ¿qué estructura del SNC es la indicada con esta X en este TC?

a) Ventrículo lateral.
b) Glándula pineal.
c) Cuerpo calloso.
d) Seno sagital.

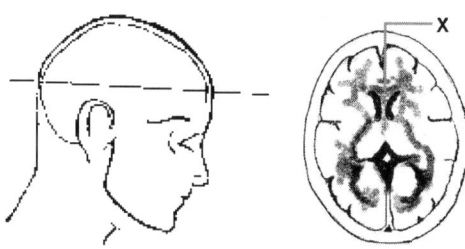

Imagen pregunta 11

12. Teniendo en cuenta el lugar de la sección de este corte axial de cráneo, ¿qué estructura del SNC es la indicada con esta Y en este TC?

a) Seno frontal.
b) Seno esfenoidal.
c) Cuerpo calloso.
d) Seno temporal.

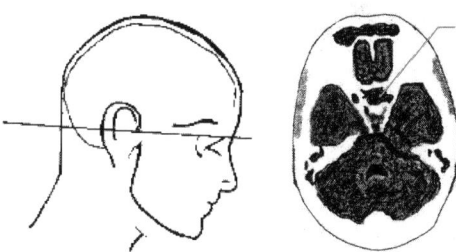

Imagen pregunta 12

13. Por lo general, la TC craneal se puede realizar con una angulación del tubo de:

a) 30º respecto a la línea infraorbitaria.
b) 45º respecto a la línea interpupilar.
c) 15º-20º respecto a la línea orbitomeatal.
d) No lleva angulación, se dirige directamente a la glabela.

14. ¿Qué avances en imagen médica ha conseguido la posibilidad de visualizar el cerebro del recién nacido a través de la fontanela abierta, la ausencia de radiación y la facilidad de manejo del método, que permite la exploración del lactante en su propia unidad de cuidados intensivos o incluso en el propio quirófano?

a) Ecografía.
b) Termografía.
c) Angiografía.
d) Ninguna de las anteriores.

15. Con respecto al círculo o polígono de Willis, señala la respuesta falsa:

a) Se encuentra alrededor del quiasma óptico.

b) Está formado por la anastomosis de las arterias cerebrales anteriores, medias y posteriores y completado por las arterias comunicantes.

c) La arteria comunicante posterior se origina en la carótida interna.

d) Es un sistema que asegura la perfusión del sistema nervioso central.

16. ¿Cuál es la posición más adecuada del paciente para la realización de la punción lumbar?

a) Decúbito supino con la columna flexionada para facilitar la entrada de la aguja.

b) Decúbito prono con la cabeza en extensión.

c) Posición de Trendelenburg.

d) Decúbito lateral con la columna flexionada.

17. ¿Qué instrucciones hay que dar al paciente tras la exploración mediante mielografía?

a) Tomar mucho líquido.

b) No realizar ejercicio intenso durante 1 o 2 días.

c) Mantener la cabeza elevada y no inclinarse durante un tiempo.

d) Todas las respuestas anteriores son ciertas.

En MADTEST tienes **más preguntas de este tema,**

comentadas y argumentadas, y todos tus avances quedan registrados y se reflejan en el ranking.

¡Supera tus límites con MADTEST!

A continuación te presentamos algunos ejemplos de preguntas comentadas:

18. ¿Cuál de las siguientes técnicas de imagen es indolora y sin riesgo?

a) Mielografía.

b) Angiografía.

c) TC craneal.

d) Las respuestas a) y b) son correctas.

Respuesta correcta: c) TC craneal.

La TC craneal es la única exploración diagnóstico de imagen médica de las nombradas, que es indolora y no presenta riesgos. La mielografía los presenta (punción lumbar), al igual que la angiografía (es invasiva).

19. Entre los métodos neurorradiológicos complementarios de mayor utilización está:

a) Gammagrafía cerebral.
b) TC craneal.
c) Mielografía.
d) Mielografía TC.

Respuesta correcta: b) TC craneal.

La TC de cráneo es el método neurorradiológico complementario más utilizado, de hecho, ha llegado a ser el primer examen diagnóstico que se realiza después de la anamnesis (historia clínica) y la exploración física, en la mayoría de los pacientes con signos y síntomas neurológicos. Y posee muchísimas indicaciones: traumatismos craneales, AVC, tumores, Exploración posquirúrgica, hidrocefalia, enfermedades inflamatorias intracraneales, demencias…

20. ¿Para qué cuestión la IRM es la más precisa y utilizada como prueba de imagen médica?

a) Ver estructuras óseas.
b) Estudios con bario.
c) Estudios de doble contraste (iodo-aire).
d) Ver pequeñas alteraciones en los tejidos de ojos y oído interno.

Respuesta correcta: d) Ver pequeñas alteraciones en los tejidos de ojos y oído interno.

La IRM es capaz de detectar pequeñas alteraciones en los tejidos de los ojos y del oído interno.

Solución al test n.º 27

1. b) Las neuroglías.

2. d) Encéfalo y médula espinal.

3. b) Piamadre.

4. b) Los nervios que provienen de los hemisferios cerebrales se entrecruzan en el bulbo raquídeo.

5. d) Los cuerpos geniculados son considerados partes del hipotálamo.

6. d) Todas son falsas.

7. b) La sustancia gris solo está constituida por cuerpos neuronales.

8. d) Son correctas a) y b).

9. a) Las fibras nerviosas son los axones y dendritas de las neuronas.

10. b) Las funciones viscerales que tienen lugar automáticamente están reguladas por el sistema nervioso vegetativo.

11. c) Cuerpo calloso.

12. b) Seno esfenoidal.

13. c) 15º-20º respecto a la línea orbitomeatal.

14. a) Ecografía.

15. b) Está formado por la anastomosis de las arterias cerebrales anteriores, medias y posteriores y completado por las arterias comunicantes.

16. d) Decúbito lateral con la columna flexionada.

17. d) Todas las respuestas anteriores son ciertas.

18. c) TC craneal.

19. b) TC craneal.

20. d) Ver pequeñas alteraciones en los tejidos de ojos y oído interno.

Radiología pediátrica. Estudio del/de la prematuro y del/de la lactante. Cuidados y consideraciones especiales. Factores de exposición: kilovoltaje, miliamperaje y tiempo de exposición

1. ¿Cuánto mayor es el riesgo potencial de presentar complicaciones tardías por la radiación diagnóstica en niños en relación a los adultos?

a) De 2 a 4 veces.
b) De 4 a 6 veces.
c) De 6 a 8 veces.
d) De 8 a 10 veces.

2. En pacientes pediátricos suele ser adecuado un valor nominal del foco comprendido entre:

a) 0,1 y 0,5.
b) 0,6 y 1,3.
c) 1,1 y 1,5.
d) 1,5 y 2,3.

3. ¿En qué circunstancias especialmente la dosis total de radiación debe mantenerse baja en pacientes pediátricos?

a) Cuando se emplean sistemas hoja de refuerzo-película de poca sensibilidad.
b) Cuando se emplean técnicas de intensificación de imágenes.
c) Son correctas a) y b).
d) Son incorrectas a) y b).

4. ¿Qué materiales se utilizarán preferiblemente en rejillas antidifusoras en exámenes radiográficos en la infancia?

a) Wolframio.
b) Fibras de carbono.
c) Cobre.
d) Aluminio.

5. ¿Cuál debe ser la distancia habitual foco-película (DFP), cuando se emplean para el examen los chasis verticales en la infancia?

a) 80 cm
b) 100 cm.
c) 115 cm.
d) 150 cm.

6. ¿En qué margen de tolerancia (en %), deben estar los generadores con una calibración adecuada y estable, para poder usarse en pacientes pediátricos? Dentro de un margen de tolerancia máximo de alrededor del:

a) 10 %.
b) 20 %.
c) 30 %.
d) 40 %.

7. Los CAE diseñados especialmente para pacientes pediátricos tienen:

a) Un pequeño detector móvil para su uso tras un chasis sin plomo.
b) Un gran detector móvil para su uso tras un chasis sin plomo.
c) Un pequeño detector móvil para su uso tras un chasis con plomo.
d) Un gran detector móvil para su uso tras un chasis con plomo.

8. ¿Qué se debe hacer para evitar en niños tasas de dosis excesivas durante las exploraciones radioscópicas cuando haya zonas relativamente grandes de material de contraste positivo?

a) Se deberá aumentar el kV pico.
b) Se deberá aumentar el tiempo de exposición y la corriente del tubo.
c) Deberá desconectarse el control automático del brillo.
d) No se deberá aumentar el kV pico.

9. ¿Cómo se consiguen tiempos de exposición cortos?

a) Se consiguen con generadores y tubos potentes.
b) Se consiguen con una rectificación óptima y tubos potentes.
c) Se consiguen con interruptores cronométricos exactos y una rectificación óptima.
d) Se consiguen con generadores y tubos potentes, una rectificación óptima e interruptores cronométricos exactos.

10. ¿Qué valores debe tener la densidad óptica de las zonas de la placa que son importantes para el diagnóstico?

a) Entre 0,5 y 1.
b) Entre 0,1 y 1,1.
c) Entre 0,5 y 2,2.
d) Entre 1,8 y 3,2.

11. ¿De qué no depende el oscurecimiento de la radiografía?

a) De la posición del paciente.
b) De la técnica radiográfica.
c) Del tamaño del paciente.
d) De la dosis de radiación.

12. ¿Qué criterios de calidad relativos a la imagen son adecuados en una proyección PA/AP de tórax tras el periodo neonatal?

a) La reproducción del tórax debe extenderse desde justo encima de los ápices pulmonares hasta D12/L1.
b) Reproducción del tórax sin rotación ni inclinación.
c) Son correctas a) y b).
d) Son incorrectas a) y b).

13. ¿Qué clase de sensibilidad nominal presentará el sistema de hoja refuerzo-película en una proyección PA/AP de tórax después del periodo neonatal?

a) 50 - 150.
b) 150 - 350.
c) 400 - 800.
d) 700 - 900.

14. ¿Qué debe valorarse en una proyección PA de tórax en niños mayores de un mes de vida (posneonatos)?

a) La visualización de tráquea.
b) La reproducción del tórax con ligera rotación.
c) La reproducción del tórax hasta L3 – L4.
d) La realización en espiración.

15. ¿Qué afirmación es incorrecta en una proyección lateral de tórax después del periodo neonatal?

a) Es una proyección habitual, como la PA de tórax.
b) Se realiza normalmente en bipedestación, pero puede hacerse también en decúbito supino.
c) La tráquea debe visualizarse desde los ápices pulmonares hasta los bronquios principales, inclusive.
d) Todo lo anterior es incorrecto.

16. La tensión radiográfica utilizada en la proyección lateral de tórax es:

a) 60 - 80 kV.
b) 60 - 100 kV.
c) 80 - 100 kV.
d) 80 - 150 kV.

17. En neonatos, la proyección AP de tórax:

a) Se realiza sin protección del abdomen con plomo.
b) La distancia foco-película es siempre de 100 cm.
c) No se utiliza rejilla antidifusora.
d) El tiempo de exposición es inferior a 20 ms.

En MADTEST tienes **más preguntas de este tema,**

comentadas y argumentadas, y todos tus avances quedan
registrados y se reflejan en el ranking.

¡Supera tus límites con MADTEST!

A continuación te presentamos algunos ejemplos de preguntas comentadas:

18. En la proyección PA de cráneo:

a) Se deben visualizar primeras vértebras cervicales.
b) Se realiza en inspiración máxima.
c) Se visualizan los senos paranasales.
d) El tiempo de exposición es inferior a 20 ms.

Respuesta correcta: c) Se visualizan los senos paranasales.

En la proyección PA de cráneo en niños, se reproducirán los senos paranasales y estructura de los huesos temporales de acuerdo con la edad. Y no se visualizarán las primeras vértebras cervicales, el tiempo de exposición es inferior a 50 ms y no es necesario realizarse en inspiración máxima.

19. ¿Qué proyección en niños es la de la imagen?

a) AP cráneo.
b) L cráneo.
c) Towne.
d) Panorámica.

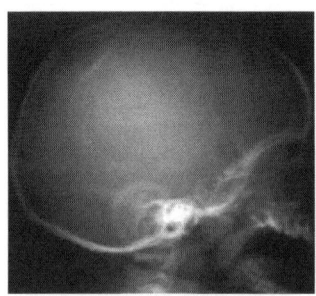

Imagen pregunta 19

Respuesta correcta: b) L cráneo.

La placa de la imagen se corresponde con una lateral (L) de cráneo en niño pequeño mayor de un año de vida. Las demás opciones no son posibles.

20. ¿Qué kilovoltaje debe emplearse en una proyección lateral (L) de cráneo?

a) 50 - 60 kV.
b) 65 - 85 kV.
c) 90 - 100 kV.
d) 100 - 110 kV.

Respuesta correcta: b) 65 - 85 kV.

La tensión radiográfica utilizada en la proyección lateral de cráneo en niños, generalmente posteriores al periodo neonatal es la de 65 - 85 kV.

Solución al test n.º 28

1. b) De 4 a 6 veces.

2. b) 0,6 y 1,3.

3. b) Cuando se emplean técnicas de intensificación de imágenes.

4. b) Fibras de carbono.

5. d) 150 cm.

6. a) 10 %.

7. a) Un pequeño detector móvil para su uso tras un chasis sin plomo.

8. c) Deberá desconectarse el control automático del brillo.

9. d) Se consiguen con generadores y tubos potentes, una rectificación óptima e interruptores cronométricos exactos.

10. c) Entre 0,5 y 2,2.

11. a) De la posición del paciente.

12. c) Son correctas a) y b).

13. c) 400 - 800.

14. a) La visualización de tráquea.

15. a) Es una proyección habitual, como la PA de tórax.

16. a) 60 - 80 kV.

17. c) No se utiliza rejilla antidifusora.

18. c) Se visualizan los senos paranasales.

19. b) L cráneo.

20. b) 65 - 85 kV.

Técnicas radiológicas usadas para el estudio cardíaco. Factores de exposición: kilovoltaje, miliamperaje y tiempo de exposición

1. ¿Dónde se localiza el corazón en el cuerpo humano?

a) En la cavidad pleural izquierda.
b) En el mediastino medio.
c) En la base del cuello.
d) En la cavidad peritoneal.

2. La base del corazón está formada principalmente por:

a) El ventrículo izquierdo.
b) El ventrículo derecho.
c) Las aurículas.
d) El tabique interventricular.

3. ¿Cuál es la cavidad cardíaca encargada de impulsar la sangre hacia la circulación sistémica?

a) Aurícula derecha.
b) Ventrículo derecho.
c) Ventrículo izquierdo.
d) Aurícula izquierda.

4. ¿Qué válvula separa la aurícula izquierda del ventrículo izquierdo?

a) Tricúspide.
b) Aórtica.
c) Mitral.
d) Pulmonar.

5. La válvula tricúspide se encuentra entre:

a) Aurícula derecha y ventrículo derecho.
b) Aurícula izquierda y ventrículo izquierdo.
c) Ventrículo izquierdo y aorta.
d) Ventrículo derecho y arteria pulmonar

6. ¿Qué vasos llevan sangre oxigenada desde los pulmones al corazón?

a) Arterias pulmonares.
b) Venas pulmonares.
c) Vena cava superior.
d) Vena cava inferior.

7. ¿Qué válvula controla la salida de sangre del ventrículo derecho hacia los pulmones?

a) Mitral.
b) Tricúspide.
c) Pulmonar.
d) Aórtica.

8. ¿Qué estructura marca el límite entre aurículas y ventrículos?

a) Tabique interventricular.
b) Tabique interauricular.
c) Surco coronario.
d) Surco interventricular anterior.

9. La sangre que llega a la aurícula derecha procede de:

a) Aorta y arterias coronarias.
b) Vena cava superior, vena cava inferior y seno coronario.
c) Venas pulmonares.
d) Arteria pulmonar.

10. El vértice (apex) del corazón corresponde a:

a) Aurícula izquierda.
b) Ventrículo derecho.
c) Ventrículo izquierdo.
d) Tabique interventricular.

11. ¿Cuál es la función principal de las válvulas semilunares (aórtica y pulmonar)?

a) Evitar el reflujo de sangre hacia los ventrículos.
b) Impulsar la sangre hacia las aurículas.

c) Favorecer la mezcla de sangre oxigenada y desoxigenada.
d) Mantener la presión en las arterias coronarias.

12. ¿Qué nombre recibe la capa interna del corazón en contacto directo con la sangre?

a) Miocardio.
b) Endocardio.
c) Epicardio.
d) Pericardio.

13. ¿Qué capa del corazón es responsable de la contracción y bombeo de la sangre?

a) Epicardio.
b) Endocardio.
c) Miocardio.
d) Pericardio.

14. ¿Qué nombre recibe la membrana que envuelve externamente al corazón?

a) Epicardio.
b) Endocardio.
c) Miocardio.
d) Pericardio.

15. ¿Qué estructura conecta eléctricamente a las aurículas con los ventrículos?

a) Nodo sinoauricular.
b) Nodo auriculoventricular.
c) Haz de Purkinje.
d) Venas coronarias.

16. El nodo sinoauricular, marcapasos natural del corazón, se localiza en:

a) Aurícula izquierda, cerca de las venas pulmonares.
b) Aurícula derecha, en la desembocadura de la vena cava superior.
c) Ventrículo izquierdo, junto a la válvula aórtica.
d) Tabique interventricular, cerca del haz de His.

17. ¿Qué vaso sanguíneo transporta sangre desde el ventrículo izquierdo hacia todo el cuerpo?

a) Arteria pulmonar.
b) Vena cava superior.
c) Vena cava inferior.
d) Aorta.

En MADTEST tienes **más preguntas de este tema,**

comentadas y argumentadas, y todos tus avances quedan registrados y se reflejan en el ranking.

¡Supera tus límites con MADTEST!

A continuación te presentamos algunos ejemplos de preguntas comentadas:

18. ¿Qué venas recogen la sangre del propio corazón para llevarla a la aurícula derecha?

a) Venas pulmonares.
b) Venas coronarias.
c) Seno coronario.
d) Venas cava.

Respuesta Correcta: c) Seno coronario.

El seno coronario es un conducto venoso situado en la aurícula derecha que recibe la sangre desoxigenada procedente de las venas coronarias. Este sistema garantiza el drenaje del miocardio, ya que la circulación coronaria no retorna directamente a las cavidades ventriculares. Su dilatación puede observarse en patologías con hipertensión auricular.

19. ¿Qué lado del corazón maneja sangre desoxigenada?

a) Derecho.
b) Izquierdo.
c) Ambos.
d) Ninguno.

Respuesta Correcta: a) Derecho.

El lado derecho del corazón (aurícula y ventrículo derechos) recibe la sangre venosa procedente del organismo y la impulsa hacia los pulmones para su oxigenación. En contraste, el lado izquierdo transporta sangre oxigenada desde los pulmones hacia la circulación sistémica. Esta diferenciación es crucial para comprender la fisiología de la doble circulación.

20. ¿Qué arterias son responsables de irrigar directamente al miocardio?

a) Carótidas.
b) Subclavias.

c) Coronarias.
d) Pulmonares.

Respuesta Correcta: c) Coronarias.

Las arterias coronarias nacen de la aorta ascendente y se encargan de irrigar el tejido muscular cardíaco. Existen dos principales: coronaria derecha e izquierda, que se dividen en ramas como la descendente anterior y la circunfleja. Su obstrucción puede ocasionar isquemia y dar lugar a infartos de miocardio, con graves consecuencias clínicas.

Solución al test n.º 29

1. b) En el mediastino medio.

2. c) Las aurículas.

3. c) Ventrículo izquierdo.

4. c) Mitral.

5. a) Aurícula derecha y ventrículo derecho.

6. b) Venas pulmonares.

7. c) Pulmonar.

8. c) Surco coronario.

9. b) Vena cava superior, vena cava inferior y seno coronario.

10. c) Ventrículo izquierdo.

11. a) Evitar el reflujo de sangre hacia los ventrículos.

12. b) Endocardio.

13. c) Miocardio.

14. d) Pericardio.

15. b) Nodo auriculoventricular.

16. b) Aurícula derecha, en la desembocadura de la vena cava superior.

17. d) Aorta.

18. c) Seno coronario.

19. a) Derecho.

20. c) Coronarias.

Primeros auxilios en el servicio de radiología y medicina nuclear. Actuaciones ante situaciones de emergencia: parada cardíaca, hemorragias, reacciones alérgicas y responsabilidad del/de la técnico en radiología

1. Señala cuál de las siguientes afirmaciones sobre la parada cardiorrespiratoria es correcta:

a) Es la interrupción súbita, inesperada y potencialmente reversible de la circulación y respiración espontáneas.
b) El paro respiratorio suele ir precedido de un paro cardíaco.
c) Es una situación irreversible aunque se actúe de inmediato.
d) Las respuestas a) y b) son correctas.

2. La existencia de una parada cardiorrespiratoria se pone de manifiesto:

a) Estimulando al individuo para ver si está consciente.
b) Escuchando y sintiendo la respiración.
c) Por la ausencia de signos de vida.
d) Palpando el pulso traqueal en adultos y el basílico en niños y lactantes.

3. ¿Cómo se comprueba la recuperación de la circulación espontánea (RECE) mediante la palpación de un pulso central espontáneo en niños pequeños o lactantes por el personal sanitario? Presionando la arteria:

a) Tibial anterior o la arteria pedia.
b) Tibial posterior o la arteria pedia.
c) Femoral o la arteria braquial.
d) Radial o la arteria subclavia.

4. ¿Aproximadamente cuándo comienza a deteriorarse el cerebro humano al no recibir oxígeno? A partir de los:

a) 1,5 minutos.
b) 2,5 minutos.

c) 4 minutos.
d) 30 segundos.

5. Si en el análisis de situación se comprueba que el paciente está inconsciente, que no respira con normalidad o simplemente no respira, a continuación:

a) Se colocará en posición lateral de seguridad.
b) Se procederá a abrir las vías aéreas.
c) Se realizará las maniobras de RCP Básicas.
d) Se estimulará para comprobar si está consciente.

6. ¿Qué es lo primero que debemos hacer para valorar una posible parada cardiorrespiratoria (PCR) según sea el estado del paciente?

a) Comprobar el estado de consciencia del individuo.
b) Comprobar la permeabilidad de vía aérea.
c) Comprobar si hay pulso.
d) Nada de lo anterior es cierto.

7. Tras las 5 respiraciones iniciales en la RCP de los niños, el ritmo de cadencia de compresiones e insuflaciones será de:

a) 30:2.
b) 15:2.
c) 30:1.
d) 15:1.

8. ¿Cuál es la principal obstrucción de la vía aérea en el paciente inconsciente adulto?

a) La lengua.
b) Comida.
c) Pollo.
d) Dentadura.

9. ¿Qué tiempo máximo debe durar la maniobra VOS (ver-oír-sentir) para comprobar la permeabilidad de la vía aérea y que el paciente respira (valorar la ventilación)?

a) 30 s.
b) 20 s.
c) 15 s.
d) 10 s.

10. ¿Cuál será la frecuencia del masaje cardíaco según las nuevas recomendaciones de la ERC? La frecuencia será de:

a) 80 compresiones por minuto para adultos y 100 compresiones por minuto para niños y lactantes.
b) 100 compresiones por minuto para adultos y 80 compresiones por minuto para niños y lactantes.

c) 100 a 120 compresiones por minuto para todas las edades.
d) 100 compresiones por minuto para todas las edades.

11. ¿En qué posición se situará a un paciente con pérdida de consciencia que requiere maniobra de RCP que a su vez necesita la maniobra frente/mentón para evitar la obstrucción de la tráquea por la lengua?

a) Decúbito prono.
b) Decúbito lateral.
c) Posición lateral de seguridad.
d) Decúbito supino.

12. ¿Cómo colocaremos a un paciente accidentado que está inconsciente, pero respira normalmente? Lo colocaremos en la denominada posición:

a) Decúbito prono.
b) De Fowler.
c) Lateral de seguridad.
d) Decúbito supino.

13. ¿Qué debemos hacer ante un paciente inconsciente que respira normalmente y se ha colocado en la posición lateral de seguridad (PLS)?

a) Intubarlo.
b) Hacer RCP básica.
c) Realizar 5 ventilaciones de rescate, por seguridad.
d) Pedir ayuda si aún no se ha hecho, y comprobar periódicamente sus funciones vitales.

14. La RCP básica como regla general se efectuará en un adulto mediante:

a) 2 insuflaciones, seguidas de 15 compresiones torácicas, seguidas de 2 insuflaciones.
b) 15 compresiones torácicas, seguidas de 2 insuflaciones.
c) 30 compresiones torácicas, seguidas de 2 insuflaciones.
d) 2 insuflaciones, 30 compresiones torácicas, seguidas de 2 insuflaciones.

15. En el masaje cardíaco externo de un adulto se debe comprimir esternón (mitad inferior) hasta alcanzar una profundidad de al menos:

a) 1 cm.
b) 2 cm.
c) 5 cm.
d) 10 cm.

16. Si una víctima presenta una obstrucción leve o parcial de las vías respiratorias:

a) Se le darán cinco palmadas fuertes en la espalda.
b) Se realizarán cinco compresiones abdominales.

c) Alentar al paciente a que tosa.

d) Todas las respuestas anteriores son correctas.

17. En caso de hemorragias para su control se realizará en el lugar del sangrado:

a) En primer lugar se realizará un torniquete.

b) Primero se realizará una compresión arterial.

c) Primero se realizará una compresión directa con apósito limpio.

d) Simplemente se cubrirá la herida con gasas estériles.

En MADTEST tienes **más preguntas de este tema,**

comentadas y argumentadas, y todos tus avances quedan registrados y se reflejan en el ranking.

¡Supera tus límites con MADTEST!

A continuación te presentamos algunos ejemplos de preguntas comentadas:

18. ¿Cuáles son las causas más frecuentes de parada cardiorrespiratoria (PCR) en adultos?

a) La fibrilación auricular.

b) La taquicardia ventricular sin pulso (TVSP).

c) El flútter auricular.

d) La fibrilación ventricular (FV) y la taquicardia ventricular sin pulso (TVSP).

Respuesta Correcta: d) La fibrilación ventricular (FV) y la taquicardia ventricular sin pulso (TVSP).

Las causas más frecuentes de parada cardiorrespiratoria (PCR) en adultos son la fibrilación ventricular (FV) y la taquicardia ventricular sin pulso (TVSP). Estas alteraciones del ritmo deben ser tratadas de forma prioritaria, mediante desfibrilación externa, entendiendo como tal la transmisión de corriente eléctrica a través de la pared torácica.

19. ¿Cuál de los siguientes signos no es característico en el caso de perfusión disminuida o mala perfusión?

a) Aumento de la temperatura.

b) Palidez.

c) Sudor frío.

d) Llenado capilar largo.

Respuesta Correcta: a) Aumento de la temperatura.

Son diversos los signos característicos de una mala perfusión o cuando ésta está disminuida, entre ellos la palidez de la piel; asimismo una piel húmeda (sudor frío) se asocia a shock y disminución de la perfusión; el llenado capilar tardío, que se comprueba en las uñas de las manos, comprimiéndolas; si existe un tiempo de llenado largo (superior a 2 segundos), indica un estado de hipoperfusión capilar fuertemente indicativo de shock, finalmente la temperatura cutánea es uno de los parámetros que resultan más indicativos para identificar un cuadro de shock; ya que la piel está fresca al comienzo del shock, haciéndose posteriormente fría y sudorosa. Por tanto no es signo el aumento de temperatura.

20. En caso de reacciones leves a los medios de contraste radiológicos el tratamiento consistirá en:

a) Tranquilizar al paciente, intentando transmitirle una sensación de seguridad.
b) Administrar oxígeno.
c) Administrar antihistamínicos y corticoides intravenosos si se trata de reacciones en la piel.
d) Todas las respuestas anteriores son correctas.

Respuesta Correcta: d) Todas las respuestas anteriores son correctas.

En los casos de reacciones leves al contraste, se tranquilizará al paciente manteniendo una conversación con el mismo y explicándole razonablemente lo que le sucede, intentando transmitirle una sensación de seguridad que ayudará a que los síntomas se atenúen (es muy importante), se administrará oxígeno y además, si el paciente está nervioso, un tranquilizante por vía intravenosa. Asimismo, si se trata de reacciones alérgicas en la piel, se administrarán antihistamínicos o corticoides intravenosos, según su gravedad. Y si existiese vómitos se actuará consecuentemente. Luego la opción correcta será: Todas las respuestas anteriores son correctas.

Solución al test n.º 30

1. a) Es la interrupción súbita, inesperada y potencialmente reversible de la circulación y respiración espontáneas.

2. c) Por la ausencia de signos de vida.

3. c) Femoral o la arteria braquial.

4. c) 4 minutos.

5. c) Se realizará las maniobras de RCP Básicas.

6. a) Comprobar el estado de consciencia del individuo.

7. b) 15:2.

8. a) La lengua.

9. d) 10 s.

10. c) 100 a 120 compresiones por minuto para todas las edades.

11. d) Decúbito supino.

12. c) Lateral de seguridad.

13. d) Pedir ayuda si aún no se ha hecho, y comprobar periódicamente sus funciones vitales.

14. c) 30 compresiones torácicas, seguidas de 2 insuflaciones.

15. c) 5 cm.

16. c) Alentar al paciente a que tosa.

17. c) Primero se realizará una compresión directa con apósito limpio.

18. d) La fibrilación ventricular (FV) y la taquicardia ventricular sin pulso (TVSP).

19. a) Aumento de la temperatura.

20. d) Todas las respuestas anteriores son correctas.

TEST N.º 31

Nociones básicas de informática: concepto de procesador de textos, base de datos y correo electrónico. Intranet: concepto

1. ¿Qué significa la palabra "informática"?

a) Ciencia de los números.
b) Información automática.
c) Cálculo manual de datos.
d) Lógica matemática aplicada.

2. ¿Cuáles son las tres fases del tratamiento de la información en un sistema informático?

a) Análisis, almacenamiento y transmisión.
b) Entrada, proceso y salida.
c) Codificación, traducción y descodificación.
d) Entrada, almacenamiento y borrado.

3. ¿Qué término se utiliza para designar a una agrupación de 8 bits?

a) Kilobit.
b) Byte.
c) Megabit.
d) Hexadecimal.

4. ¿Qué sistema de numeración utilizan los ordenadores?

a) Decimal.
b) Octal.
c) Binario.
d) Hexadecimal.

5. En la representación binaria, ¿qué indica el primer bit en el complemento a dos?

a) La magnitud del número.
b) El signo del número.
c) El exponente decimal.
d) El valor absoluto.

6. ¿Qué código se utiliza habitualmente para representar caracteres alfanuméricos en el ordenador?

a) Unicode.
b) ASCII.
c) Morse.
d) BCD.

7. ¿Cómo se denominan los elementos físicos de un ordenador?

a) Software.
b) Hardware.
c) Periféricos lógicos.
d) Drivers.

8. ¿Qué arquitectura informática almacena en espacios separados instrucciones y datos?

a) Von Neumann.
b) Harvard.
c) Pentium clásico.
d) Multinúcleo.

9. ¿Qué parte de la CPU ejecuta operaciones aritméticas y lógicas?

a) Unidad de control.
b) Unidad aritmético-lógica (ALU).
c) Memoria caché.
d) Registro de estado.

10. ¿Qué unidad de memoria es más rápida y cercana al procesador?

a) Memoria RAM.
b) Registros.
c) Memoria secundaria.
d) Memoria caché.

11. ¿Qué memoria pierde su contenido al apagar el ordenador?

a) ROM.
b) RAM.
c) Memoria flash.
d) Disco duro.

12. ¿Qué tipo de memoria contiene las instrucciones básicas para arrancar el ordenador?

a) RAM.
b) ROM.
c) Caché.
d) Virtual.

13. ¿Qué tipo de software permite al usuario realizar tareas específicas como redactar textos o gestionar bases de datos?

a) Software de sistema.
b) Software de aplicación.
c) Controladores.
d) Middleware.

14. ¿Cuál es el principal programa del software de sistema?

a) Controladores de dispositivos.
b) Compiladores.
c) Sistema operativo.
d) Antivirus.

15. ¿Qué sistema operativo es de tipo libre y de código abierto?

a) Windows.
b) macOS.
c) Linux.
d) MS-DOS.

16. ¿Qué nombre recibe el programa que traduce el código fuente a lenguaje máquina?

a) Editor de texto.
b) Compilador.
c) Intérprete de comandos.
d) Driver.

17. ¿Qué tipo de interfaz permite al usuario interactuar con iconos y menús en pantalla?

a) CLI (Command Line Interface).
b) GUI (Graphical User Interface).
c) TUI (Text User Interface).
d) API (Application Programming Interface).

En MADTEST tienes **más preguntas de este tema,**

comentadas y argumentadas, y todos tus avances quedan registrados y se reflejan en el ranking.

¡Supera tus límites con MADTEST!

A continuación te presentamos algunos ejemplos de preguntas comentadas:

18. ¿Qué extensión de archivo suele corresponder a documentos de Microsoft Word?

a) .xls
b) .docx
c) .ppt
d) .mdb

Respuesta Correcta: b) .docx

Los archivos de Microsoft Word, en sus versiones recientes, utilizan la extensión .docx. Este formato está basado en XML y permite integrar texto, imágenes y otros elementos. En versiones antiguas se empleaba la extensión .doc.

19. ¿Qué programa se utiliza principalmente para gestionar y manipular bases de datos?

a) Hoja de cálculo.
b) SGBD (Sistema Gestor de Bases de Datos).
c) Editor de texto.
d) Compresor de archivos.

Respuesta Correcta: b) SGBD (Sistema Gestor de Bases de Datos).

Un SGBD es un software diseñado para crear, administrar y manipular bases de datos. Ejemplos conocidos son Microsoft Access, MySQL y Oracle. Facilita la consulta y actualización eficiente de grandes volúmenes de datos.

20. ¿Cuál de los siguientes no es un programa de hoja de cálculo?

a) Excel.
b) Calc.
c) Access.
d) Numbers.

Respuesta Correcta: c) Access.

Microsoft Access no es una hoja de cálculo, sino un sistema gestor de bases de datos. En cambio, Excel, Calc (LibreOffice) y Numbers (Apple) son aplicaciones de hoja de cálculo que permiten trabajar con tablas, fórmulas y gráficos.

Solución al test n.º 31

1. b) Información automática.

2. b) Entrada, proceso y salida.

3. b) Byte.

4. c) Binario.

5. b) El signo del número.

6. b) ASCII.

7. b) Hardware.

8. b) Harvard.

9. b) Unidad aritmético-lógica (ALU).

10. b) Registros.

11. b) RAM.

12. b) ROM.

13. b) Software de aplicación.

14. c) Sistema operativo.

15. c) Linux.

16. b) Compilador.

17. b) GUI (Graphical User Interface).

18. b) .docx

19. b) SGBD (Sistema Gestor de Bases de Datos).

20. c) Access.

Perspectiva de género. Salud y género. Morbilidad diferenciada. Violencia de género: prevención, detección y actuación por parte de los/las profesionales del Servicio Gallego de Salud

1. ¿Qué significa adoptar la perspectiva de género en el ámbito sanitario?

a) Considerar únicamente las diferencias biológicas entre hombres y mujeres.
b) Analizar cómo los roles, estereotipos y desigualdades sociales influyen en la salud.
c) Promover la atención exclusiva a las enfermedades femeninas.
d) Evitar recopilar datos desagregados por sexo.

2. La transversalidad de género implica:

a) Aplicar el enfoque de género solo en programas de igualdad.
b) Integrar el análisis de género en todas las políticas y servicios públicos.
c) Limitar su aplicación al ámbito laboral.
d) Utilizarlo únicamente en la atención primaria.

3. ¿Qué ley española establece la transversalidad de género como principio rector en todas las políticas públicas, incluida la salud?

a) Ley Orgánica 1/2004.
b) Ley 7/2023 de Galicia.
c) Ley Orgánica 3/2007 para la igualdad efectiva de mujeres y hombres.
d) Real Decreto 6/2019.

4. En Galicia, la Ley 7/2023 establece que:

a) El enfoque de género será opcional en la atención sanitaria.
b) Solo se aplicará en casos de violencia de género.
c) Todos los planes, programas y actuaciones sanitarias deberán integrar la perspectiva de género.
d) Sustituye la Ley Orgánica 3/2007 a nivel estatal.

5. El concepto de salud y género se basa en:

a) Las diferencias genéticas exclusivamente.
b) La interacción entre factores biológicos y sociales que condicionan la salud.
c) La división del trabajo en el hogar.
d) Los niveles de renta según sexo.

6. ¿Qué grupo presenta mayor prevalencia de enfermedades crónicas y discapacitantes según los datos epidemiológicos recientes?

a) Hombres.
b) Mujeres.
c) No existen diferencias.
d) Depende del nivel socioeconómico.

7. En salud mental, los hombres presentan:

a) Mayores tasas de depresión y ansiedad.
b) Menor acceso a ayuda psicológica y mayores tasas de suicidio.
c) Igual prevalencia que las mujeres.
d) Más medicalización de los síntomas.

8. ¿Qué se entiende por "morbilidad diferenciada"?

a) Diferencias económicas entre pacientes.
b) Diferentes formas en que mujeres y hombres enferman por factores biológicos y sociales.
c) Diferencias genéticas dentro del mismo sexo.
d) Morbilidad causada por patologías infecciosas.

9. Un ejemplo de sesgo diagnóstico por género es:

a) Diagnosticar infartos con los mismos síntomas en ambos sexos.
b) Detectar las cardiopatías en mujeres más tarde por síntomas atípicos.
c) Realizar más pruebas preventivas en mujeres.
d) Sobrediagnosticar enfermedades autoinmunes en hombres.

10. ¿Cuál es la principal causa de mortalidad en ambos sexos en España?

a) Enfermedades respiratorias.
b) Enfermedades cardiovasculares.
c) Cáncer de pulmón.
d) Accidentes de tráfico.

11. En Galicia, los programas del SERGAS frente a la violencia de género buscan:

a) Aumentar las denuncias sin intervención sanitaria.
b) Homogeneizar la atención y garantizar la seguridad y acompañamiento de las víctimas.

c) Centralizar la atención solo en hospitales.

d) Sustituir los servicios judiciales por asistencia médica.

12. ¿Qué nivel de prevención de la violencia de género busca impedir que ocurra mediante educación y sensibilización?

a) Prevención terciaria.

b) Prevención secundaria.

c) Prevención primaria.

d) Prevención complementaria.

13. En el ámbito sanitario, la perspectiva de género permite:

a) Aumentar la medicalización de los problemas sociales.

b) Identificar desigualdades en el acceso, tratamiento y resultados en salud entre mujeres y hombres.

c) Limitar la atención a las enfermedades reproductivas femeninas.

d) Eliminar las diferencias hormonales entre sexos en los estudios clínicos.

14. Según los estudios de morbilidad por género, las mujeres presentan con mayor frecuencia:

a) Enfermedades infecciosas agudas.

b) Trastornos crónicos, depresivos y de dolor persistente.

c) Menor consumo de recursos sanitarios.

d) Menor prevalencia de discapacidades.

15. ¿Qué principio guía la actuación sanitaria en materia de violencia de género según el SERGAS?

a) La neutralidad y la no intervención ante la sospecha.

b) La confidencialidad, el respeto y la no revictimización.

c) La derivación inmediata a servicios judiciales sin evaluación clínica.

d) La entrevista colectiva con familiares y acompañantes.

16. ¿Qué documento legal garantiza en España el derecho a una atención integral frente a la violencia de género?

a) Ley Orgánica 1/2004, de Medidas de Protección Integral contra la Violencia de Género.

b) Ley 14/1986, General de Sanidad.

c) Ley 3/2007, para la igualdad efectiva de mujeres y hombres.

d) Real Decreto 1030/2006, sobre cartera de servicios del SNS.

17. En la valoración del riesgo de violencia de género, una señal de riesgo alto es:

a) Que la paciente presente leve ansiedad sin antecedentes.

b) Que exista control excesivo, amenazas o violencia previa por parte de la pareja.

c) Que la víctima haya decidido mantener la relación.

d) Que no existan lesiones visibles.

En MADTEST tienes **más preguntas de este tema,**

comentadas y argumentadas, y todos tus avances quedan registrados y se reflejan en el ranking.

¡Supera tus límites con MADTEST!

A continuación te presentamos algunos ejemplos de preguntas comentadas:

18. ¿Qué instrumento de cribado utiliza el SERGAS para detectar de forma breve la posible presencia de violencia de pareja?

a) AAS.

b) HITS.

c) WAST (versión corta).

d) DA.

Respuesta correcta: c) WAST (versión corta).

El WAST (Woman Abuse Screening Tool), en su versión corta, es el instrumento recomendado por el SERGAS como herramienta de cribado inicial para detectar de forma rápida la posible presencia de violencia de pareja en la consulta. Este cuestionario contiene dos preguntas clave relacionadas con la tensión en la relación y la resolución de conflictos. Si el resultado es positivo, se continúa con instrumentos más completos, como el AAS (Abuse Assessment Screen) o la entrevista clínica detallada. Su principal ventaja es su brevedad y alta sensibilidad, lo que permite aplicarlo de manera rutinaria en atención primaria sin interferir en la dinámica asistencial.

19. El cuestionario AAS (Abuse Assessment Screen) se aplica cuando:

a) No existen indicios de maltrato.

b) Se han detectado signos o antecedentes que indican posible violencia de género.

c) La paciente rechaza hablar de su situación.

d) Solo hay lesiones físicas visibles.

Respuesta correcta: b) Se han detectado signos o antecedentes que indican posible violencia de género.

El AAS es un instrumento de detección dirigido a mujeres con indicios clínicos o antecedentes que sugieren una posible situación de violencia de género. Este cuestionario profundiza en la naturaleza, frecuencia y gravedad de los episodios de maltrato, incluyendo preguntas sobre violencia física, psicológica y sexual. Se utiliza tras una sospecha inicial o resultado positivo en el cribado WAST. Su aplicación permite documentar con rigor la situación y orientar las acciones sanitarias, sociales y legales pertinentes. El uso de este test debe ir acompañado de una actitud empática y confidencialidad absoluta por parte del profesional.

20. Según el protocolo SERGAS, la entrevista clínica para detectar violencia debe realizarse:

a) En presencia de la pareja.
b) En un entorno privado, sin acompañantes y con actitud empática del profesional.
c) Con varios profesionales y testigos.
d) De forma telefónica y sin registro clínico.

Respuesta correcta: b) En un entorno privado, sin acompañantes y con actitud empática del profesional.

El protocolo del Servicio Gallego de Salud (SERGAS) establece que la entrevista clínica con mujeres en posible situación de violencia debe realizarse en un espacio privado, tranquilo y seguro, garantizando la confidencialidad y evitando la presencia de la pareja u otros acompañantes. El profesional sanitario debe mantener una actitud empática, sin juicios de valor ni confrontaciones, permitiendo que la mujer se exprese libremente. Además, se debe registrar toda la información de forma objetiva en la historia clínica y valorar el riesgo inmediato para la seguridad de la paciente. Este enfoque busca promover la detección temprana, la escucha activa y la confianza como elementos clave de la atención integral ante la violencia de género.

Solución al test adicional

1. b) Analizar cómo los roles, estereotipos y desigualdades sociales influyen en la salud.

2. b) Integrar el análisis de género en todas las políticas y servicios públicos.

3. c) Ley Orgánica 3/2007 para la igualdad efectiva de mujeres y hombres.

4. c) Todos los planes, programas y actuaciones sanitarias deberán integrar la perspectiva de género.

5. b) La interacción entre factores biológicos y sociales que condicionan la salud.

6. b) Mujeres.

7. b) Menor acceso a ayuda psicológica y mayores tasas de suicidio.

8. b) Diferentes formas en que mujeres y hombres enferman por factores biológicos y sociales.

9. b) Detectar las cardiopatías en mujeres más tarde por síntomas atípicos.

10. b) Enfermedades cardiovasculares.

11. b) Homogeneizar la atención y garantizar la seguridad y acompañamiento de las víctimas.

12. c) Prevención primaria.

13. b) Identificar desigualdades en el acceso, tratamiento y resultados en salud entre mujeres y hombres.

14. b) Trastornos crónicos, depresivos y de dolor persistente.

15. b) La confidencialidad, el respeto y la no revictimización.

16. a) Ley Orgánica 1/2004, de Medidas de Protección Integral contra la Violencia de Género.

17. b) Que exista control excesivo, amenazas o violencia previa por parte de la pareja.

18. c) WAST (versión corta).

19. b) Se han detectado signos o antecedentes que indican posible violencia de género.

20. b) En un entorno privado, sin acompañantes y con actitud empática del profesional.

SUPUESTOS PRÁCTICOS

SUPUESTO N.º 1

Paciente que acude a la consulta, es un varón de 50 años, con limitación de los movimientos, cierta cojera y dolor en muslo/rodilla del lado derecho con cierta hinchazón en la zona, asimismo refiere sintomatología respiratoria que se le incrementa por la noche (disnea, tos seca y de repetición, molestias generalizadas...). Lleva así desde una caída que sufrió hace meses, con mucho cansancio todos los días. Su médico le realiza exploración y confirma parte de la sintomatología que le cuenta el paciente en la anamnesis. Le pide un examen radiográfico y una analítica general sanguínea. Al cabo de un tiempo el médico hace determinadas reflexiones del caso y se hace las siguientes preguntas.

Cuestiones

1. ¿Qué zona es la del dolor, en zona distal del fémur, protuberante, encima de la rótula, y que posee en su zona caudal una carilla articular para la misma?

a) Tróclea femoral.
b) Epicóndilo femoral.
c) Cóndilo femoral.
d) Patela femoral.

2. ¿Qué zona anatómica del fémur derecho en este modelo anatómico la marcada con una X?

a) Fosa intercondílea.
b) Plano poplíteo.
c) Corredera bicipital.
d) Facies rotuliana.

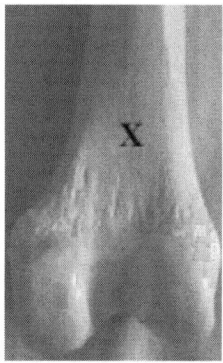

Foto pregunta 2

3. ¿Qué otro nombre recibe el plano poplíteo del fémur?

a) Corva.
b) Triángulo poplíteo.
c) Hueco poplíteo.
d) Plano áspero.

4. ¿A qué debe ser paralela en una placa AP de fémur la línea imaginaria que se traza entre ambos cóndilos femorales? Debe ser paralela:

a) A la tróclea.
b) A las mesetas o platillos tibiales.
c) A la cara inferior de la patela.
d) A la línea áspera o borde posterior del fémur.

5. ¿Qué ángulo debe formar la línea imaginaria que se traza entre ambos cóndilos femorales y la diáfisis del fémur en una placa AP de fémur? Debe formar un ángulo de...

a) 41º.
b) 66º.
c) 81º.
d) 90º.

6. ¿Qué placa es la de la imagen? Una proyección...

a) AP de fémur.
b) L de fémur.
c) Oblicua de fémur.
d) PA de fémur.

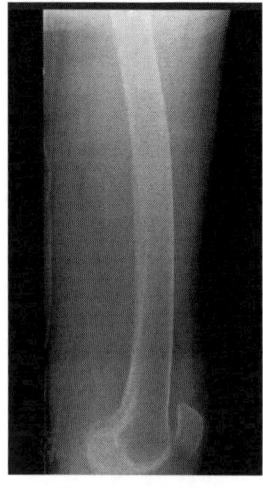

Foto pregunta 6

7. ¿Qué estructura es la de la imagen marcada con una flecha?

a) Tróclea de fémur.
b) Cóndilo femoral
c) Meseta tibial.
d) Patela.

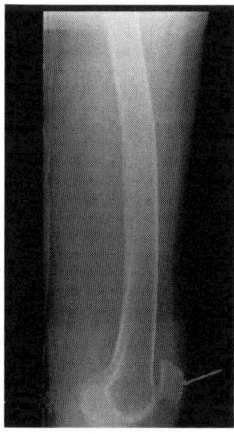

Foto pregunta 7

8. ¿Con qué letra de las de la imagen se observa en la placa del paciente la lesión tumoral, tras haberse realizado sesión con quimioterapia?

a) a.
b) b.
c) c.
d) d.

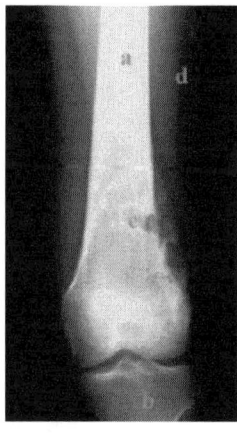

Foto pregunta 8

9. ¿Qué músculo es el más probable que se visualiza en la imagen anterior, o superposición con otros?

a) Gemelos.
b) Sóleo.
c) Cuádriceps crural.
d) Tibial anterior.

10. ¿Qué se puede pensar si ya con el diagnóstico de cáncer de pulmón el paciente presenta una placa de tórax como la de la imagen y que justifica sus molestias respiratorias?

a) Caverna tuberculosa.
b) Metástasis pulmonares.
c) Resfriado común.
d) Nada de loa anterior.

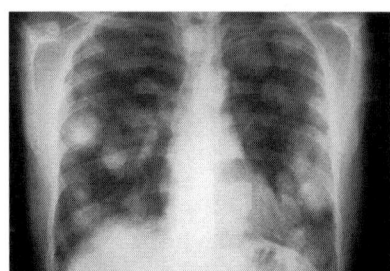

Foto pregunta 10

En tu Curso MAD360 tienes más **supuestos prácticos** y todos tus avances quedan registrados.

¡MAD360, todo lo que necesitas para conseguir tu plaza!

Solución al supuesto n.º 1

1. a) Tróclea femoral.

La tróclea del fémur es una única masa ósea, muy prominente, que presenta en su superficie a nivel caudal una carilla articular que es la facies rotuliana. Está en la cara anterior femoral, ya que por detrás esta masa se divide en dos, que son los cóndilos femorales. Las demás opciones son incorrectas o no existen.

2. b) Plano poplíteo.

La estructura ósea del fémur derecho de la imagen (vista posterior), es casi plana, formada por la bifurcación distalmente del borde dorsal de la diáfisis femoral o línea áspera, al abrirse hacia los lados la misma, y se corresponde con el plano poplíteo.

3. b) Triángulo poplíteo.

El plato poplíteo se denomina también triángulo poplíteo, y este nombre es debido a la forma que posee visto bidimensionalmente. El músculo que lo cubre se denomina también poplíteo y tiene forma triangula también.

4. b) A las mesetas o platillos tibiales.

La línea imaginaria que se traza entre ambos cóndilos femorales en una placa AP de fémur debe ser paralela a las mesetas o platillos tibiales. Si no es así, la placa no está bien centrada ni ajustada la extremidad.

5. c) 81º.

Cuando se realiza una radiografía AP sobre el fémur debemos tener presente que la línea que se dibuja entre la zona distal de los cóndilos es paralela a las mesetas o platillos tibiales. Esta línea forma con la diáfisis del fémur un ángulo de aproximadamente 81º.

6. b) L de fémur.

La placa radiográfica de la imagen es una proyección Lateral de fémur, se visualiza la diáfisis lateralmente. Y en su zona distal se observa en lado derecho los cóndilos de perfil.

7. d) Patela.

La placa lateral de fémur de la imagen, muestra una flecha en la cara anterior de la rodilla, que señala una estructura ósea no femoral, aunque se articula caudalmente con la tróclea, que se corresponde con la rótula o patela.

8. c) c.

En la imagen AP de fémur, se visualizan las lesiones tumorales en la letra c, que son de tipo osteolítico (destruye hueso). No se visualiza nada en la letra a (diáfisis), ni en la letra b (meseta tibial), ni en la d (musculatura del muslo).

9. c) Cuádriceps crural.

Los músculos que aparecen en las diferentes opciones son todos de la pierna, excepto el cuádriceps crural que, por ser de gran tamaño, es el más probable que sea, ya que en la zona distal posee el tendón común (de los 4 paquetes musculares que lo forman), que luego se continua con el ligamento rotuliano hasta la tibia.

10. b) Metástasis pulmonares.

Ante la disnea, siempre está justificada la PA de tórax que, en el caso del paciente, y debido a los antecedentes, nos hace pensar una alteración importante por metástasis del osteosarcoma a los pulmones, ya que no se visualiza como un tórax normal, y las lesiones son generalizadas. Se denomina la imagen en "suelta de globos" típica de metástasis en los pulmones. Las otras afecciones no van a dar esta imagen nunca.

Señora, de 45 años, que acude al Hospital, enviada por su ginecólogo, ya que presenta un bulto pequeño en mama derecha, o ella asó lo cree. Ella cuenta que la presencia del bulto, la visualizó al mirarse desnuda al espejo y notar una marcada asimetría entre sus dos mamas. No le duele, ni tiene inflamación en la zona y no secreta nada por los pezones. En el Hospital, irá inicialmente al Servicio de Radiología, para que le hagan una exploración radiográfica precisa, y si fuese necesario un TC de la zona. La paciente no presenta antecedentes familiares ni personales de interés. Asimismo, posteriormente y si fuese necesario se le realizará alguna prueba de medicina nuclear. Con este cuadro, se preguntan las siguientes cuestiones.

Cuestiones

1. ¿A qué músculo se encuentra pegada la base de la mama? Se encuentra pegada al músculo;

a) Pectoral menor.
b) Pectoral mayor.
c) Dorsal ancho.
d) Deltoides.

2. ¿Qué zona es la marcada con una X en este dibujo de una mama?

a) Linfáticos mamarios.
b) Red de Haller.
c) Conductos galactóforos.
d) Acinos mamarios.

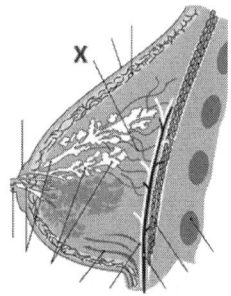

Foto pregunta 2

3. Indica que estructura anatómica de la mama es la señalada con una flecha.

a) Tejido fibroglandular (tejido mamario).
b) Tejido adiposo mamario.
c) Piel de la mama.
d) Sistema vascular.

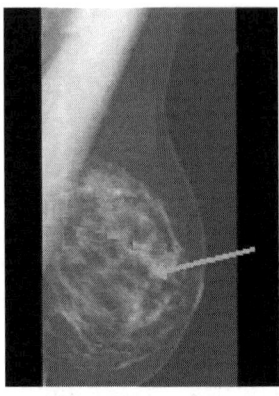

Foto pregunta 3

4. ¿Cuándo se debe hacer la autoexploración de mamas una mujer a partir de los 18 años? Se la debe hacer cada...

a) Semana
b) Mes, y una semana después del inicio de la menstruación.
c) Dos, meses y una semana antes de la última menstruación.
d) Tres meses, y una semana después del inicio de la última menstruación.

5. ¿Qué estudios radiográficos se les debe hacer a la señora de la historia y en qué proyecciones consiste como rutinarias? Se le debe hacer mamografías...

a) Diagnósticas, que consiste en una proyección mamaria, la cráneo-caudal.
b) De seguimiento, que consiste en una proyección mamaria, la anterior.
c) Diagnósticas, que consiste en dos proyecciones mamarias, la oblicua medio lateral y la cráneo-caudal.
d) De seguimiento, que consiste en dos proyecciones mamarias, la cráneo-caudal y la de valle.

6. ¿Qué estudio radiográfico se le debe hacer a la señora si se quiere visualizar los bordes de la lesión y otras características de la posible lesión o masa tumoral? Se le debe efectuar una mamografía:

a) De paralelaje.
b) Magnificada.
c) Cola de axila.
d) Localizada.

7. ¿De qué proyección es una variante la proyección de valle? La proyección de valle es una variante de la proyección:

a) Magnificada.
b) Oblicua medio lateral.
c) Cráneo-caudal.
d) Latero-medial.

8. ¿Qué tejido mamario es el marcado con una X en esta proyección cráneo-caudal de mama?

a) Tejido muscular.
b) Tejido fibroglandular.
c) Tejido graso.
d) Tejido epitelial (piel).

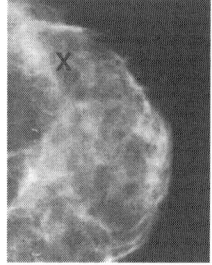

Foto pregunta 8

9. ¿Qué proporción de tejido glandular hay aproximadamente en la proyección anterior?

a) Un poco de mayor proporción de tejido glandular que de tejido graso.
b) Un poco de mayor proporción de tejido graso que de tejido glandular.
c) Una mayor proporción de tejido glandular (mama densa), o mama de joven.
d) Una mayor proporción de tejido graso (mama de baja densidad), o mama de menopaúsica.

10. ¿Qué tipo de lesión presenta la paciente de la historia clínica si la catalogación de su lesión por el Sistema BI-RADS es de categoría 2? Nos indica que:

a) Se requiere estudios complementarios de imagen.
b) Es una mama normal.
c) Es una lesión benigna.
d) Es una lesión maligna.

En tu Curso MAD360 tienes más **supuestos prácticos** y todos tus avances quedan registrados.

¡MAD360, todo lo que necesitas para conseguir tu plaza!

Solución al supuesto n.º 2

1. b) Pectoral mayor.

Las mamas se encuentran pegadas desde su base al músculo pectoral mayor, relacionándose con las zonas posteriores de éstas. Al ser ligeramente cóncava la cara profunda de una mama, se relaciona además con otros dos músculos: el serrato anterior y la parte más craneal del oblicuo externo del abdomen.

2. b) Red de Haller.

La zona marcada con una X está anteriormente y más superficialmente que el sistema vascular de la mama, formando una especie de urdimbre o red, que se corresponde con la red de Haller. La red de Haller está constituida por el sistema venoso superficial que lo integra numerosas venas en forma de trama, que durante la gestación, se engrosan pudiendo ser visibles a través de la piel.

3. a) Tejido fibroglandular (tejido mamario).

La flecha en la imagen señala tejido fibroso o fibroglandular, de mayor densidad que el adiposo (se ve más oscuro). El tejido fibroglandular aparece en mamografía más brillante, por ser más denso.

4. b) Mes, y una semana después del inicio de la menstruación.

A partir de los 18 años, la mujer debe empezar a hacerse una autoexploración de las mamas, se debe hacer mensual y una semana después del inicio de la menstruación. Pero la autoexploración no es sólo para las mujeres en edad fértil, es necesario y muy importante en la época de la menopausia; en esta época, al no existir ya la menstruación, se elegirá para realizarla cualquier día del mes.

5. c) Diagnósticas, que consiste en dos proyecciones mamarias, la oblicua medio lateral y la cráneo-caudal.

A la señora de la historia clínica se le debe hacer mamografías diagnósticas, ya que no es de cribado o screening. Siendo las de rutina u obligatorias, dos placas, que son la proyección oblicua medio lateral y la proyección cráneo-caudal. Posteriormente se puede ampliar el examen con proyecciones auxiliares o si se ve necesario de localización.

6. d) Localizada.

Se le debe efectuar a la señora de la historia clínica una mamografía localizada. Se utiliza para ver los bordes de la lesión y nos da referencia de si se trata de una sola masa o formada por asociación de microcalcificaciones, determinándose como hemos dicho con ella sus bordes y forma.

7. c) Cráneo-caudal.

La proyección de valle, se realiza a ambas mamas a la vez, es una variante de la proyección cráneo-caudal y se lleva a cabo cuando las alteraciones se encuentran en el área medial de las mamas y no se ha detectado en las proyecciones rutinarias.

8. c) Tejido graso.

En la imagen, la zona marcada con una X en esta proyección cráneo-caudal de mama, se corresponde con un área profunda de la mama de poca densidad, que se corresponde con tejido graso, concretamente con el tejido adiposo retroglandular.

9. a) Un poco de mayor proporción de tejido glandular que de tejido graso.

La mamografía de la pregunta 8, se corresponde con la que debe poseer la señora de la historia clínica por su edad (45 años), donde aún es fértil, pero al final de esta etapa, predominando aún el tejido denso sobre el graso: un poco de mayor proporción de tejido glandular que de tejido graso, correspondiéndose con una mama de un adulta de su edad.

10. c) Es una lesión benigna.

La prueba solicitada por el médico (bien cirujano o ginecólogo), por la anamnesis de la paciente, le ha llegado con una catalogación de lesión por el Sistema BI-RADS de categoría 2, debido a los estudios mamográficos realizados, que nos indica que la lesión es benigna, sin VPN (valor predictivo para malignidad), que indica que la lesión no es cancerosa. No obstante debe hacerse radiografías de seguimiento, como medio de cribado, que serán bianuales, y cuando cumpla 50 años anuales, o como le indique su ginecólogo.

Cómo acceder al Curso

Técnico/a Superior en Imagen para el Diagnóstico
Test y Supuestos Prácticos

El uso de los códigos **es exclusivo de los compradores de los productos de Editorial MAD**. Cada producto posee un código único y de un solo uso. Es personal e intransferible y da acceso a servicios y contenidos adicionales. Editorial MAD se reserva el derecho de hacer cuantas comprobaciones sean necesarias para identificar al legítimo poseedor del código y dejar de dar servicio a quien haga uso fraudulento del mismo, además de emprender cuantas acciones legales estime oportunas según la legislación vigente.

Deberás acceder a:

mad.es/registro-campus

Si una vez aceptadas las condiciones de uso del Campus decides hacer uso del mismo, necesitarás del siguiente código de acceso junto con los códigos del resto de títulos que se exigen (si fuera el caso):

CW3V5IYZQL